決斷
2秒間

擷取關鍵資訊，發揮不假思索的力量

BLINK
THE POWER OF
THINKING WITHOUT THINKING

MALCOLM
GLADWELL

麥爾坎·葛拉威爾——著　　　閻紀宇——譯

Contents

各界好評

　　扣人心弦，讓人心滿意足！《決斷2秒間》充滿美妙的實際案例，巧妙穿插心理實驗與解釋，以及不同的現象之間讓人意想不到的關聯，這些正是葛拉威爾的特色。

——霍華德・嘉納 Howard Gardner

多元智能理論之父、《破解 APP 世代》作者

　　《決斷2秒間》優游於一連串精彩的故事，葛拉威爾總是用吸引人的資訊和敘述讓我們目不暇給。如果你相信我的直覺，請買下這本書，你一定會讀得很開心。如果你比較相信我思考後的判斷，還是建議買這本書，你會開心，但也會沮喪、困惑，想要知道更多。

——大衛・布魯克斯 David Brooks

《紐約時報》專欄作家、《社會性動物》作者

　　充滿趣味的一本書！葛拉威爾是說故事的天才，他就像印度全知全能的千手傳說之神，信手拈來皆文章。

──萊夫‧葛羅斯曼 Lev Grossman

《時代雜誌》特約撰稿人、《費洛瑞之書》作者

　　一位思路清晰、富洞察力，而且有趣的作家，《決斷2秒間》讓你不斷發出驚嘆！

──美聯社（Associated Press）

　　葛拉威爾既活潑又嚴肅，尤其擅於找到各種巧妙、甚至奇特的例子來佐證他的觀點。

──《紐約時報》（*New York Times*）

　　葛拉威爾是才華洋溢的故事高手，總是可以找到讓人印象深刻的人物和有趣案例。

──《華爾街日報》（*Wall Street Journal*）

　　葛拉威爾出色地闡釋人類一項心智活動──我們向來相當依賴、卻極少去分析的瞬間決斷能力。言之有物，發人深省，而且充滿閱讀樂趣。

──《書單雜誌》（*Booklist*）

　　暢銷書作家葛拉威爾擅長在迥異的研究領域間發掘共通之處，在這本關於我們如何做決斷的新作中，他再次展現這項能力。從心理學到警界，他廣泛研究各領域的人是如何做出立即的決斷，並得出一個結論：我們可以訓練心智和感官，專注在最具相關性的事實上，藉此做出更好的決斷——而且輸入的資訊越少越好（只要是正確的資訊）。書中每個案例都相當過癮，葛拉威爾顯然在各領域間樂此不疲地穿梭優游，尋找底下隱藏的真相。

　　　　　　　　　　——《出版人週刊》（*Publishers Weekly*）

　　葛拉威爾扭轉我們對於如何做決定的既定看法，再次締造一股知性熱潮。如同他擔任紐約客記者時的文章，《決斷2秒間》一書中到處都是生動有趣的故事。

　　　　　　　　　　——《書籤雜誌》（*Bookmarks Magazine*）

　　讀了《決斷2秒間》頭幾頁我就知道，我要徹夜讀完這本書。葛拉威爾運用許多有趣的事例，以曲折又迷人的敘述方式，證明並鼓吹這套激發思考的理論。你不能光看封面就評斷一本書，但葛拉威爾不但讓我一見傾心，還一口氣讀到最後一頁。

　　　　　　　　　　——《娛樂週刊》（*Entertainment Weekly*）

　　葛拉威爾在他的論點裡加入許多獨特的人文面向，均衡了冷硬的統計數字，並且在論述觀點的過程中不斷刺激思考。他讓這

個具爭議的主題有了份量，促使我們反省近代歷史中某些著名、而且可能有問題的決策過程。

——《波士頓全球報》（*Boston Globe*）

一趟樂趣無窮的閱讀之旅！葛拉威爾提供了源源不絕的絕妙典故，他把複雜的概念用一個簡潔句子來表達，功力無人能敵。

——《芝加哥論壇報》（*Chicago Tribune*）

警告所有數字、資料，以及訊息狂熱人士與從業人員：《決斷2秒間》可能不適合你；除此之外的每一個人可能都會為它深深著迷。

——《洛杉磯時報》（*Los Angeles Times*）

富有娛樂性，讓你思考你的思考方式。

——《西雅圖時報》（*Seattle Times*）

精彩絕倫！葛拉威爾懂得如何說好故事，《決斷2秒間》將是這個時代的代表作之一。

——《多倫多全球郵報》（*Toronto Globe and Mail*）

對科學、人性，甚至對商業有興趣的懶人讀者來說，葛拉威爾正是他們夢寐以求的作家。他擁有寓教於樂的高超能力，能夠

把困難的研究理論和抽象的名稱解釋清楚，並且變成有趣易讀的
文章。

——《西雅圖郵報》（*Seattle Post-Intelligencer*）

葛拉威爾是注重細節的作家，而且是最好的那一種。在《紐
約客》擔任記者的獨特才華，讓他能在看似平凡無奇的事物中，
發現人之所以為人的寶貴體悟。

——《芝加哥太陽報》（*Chicago Sun-Times*）

麥爾坎・葛拉威爾在社會科學領域的貢獻，就像史蒂芬・
霍金之於理論物理。葛拉威爾運用一連串精彩的案例說明他的觀
點，同時將科學資料編織成引人入勝的散文。

——《波特蘭論壇報》（*Portland Tribune*）

一本既刺激又具啟發性的書！跟著葛拉威爾這樣熱愛探索、
深具洞察力的嚮導，暢遊這片認知天地，真是十分愉快。

——《亞特蘭大憲政報》（*Atlanta Journal-Constitution*）

有趣又發人深省。《決斷2秒間》中許多有意思的實例，令
你忍不住一讀再讀。

——《克利夫蘭公論報》（*Cleveland Plain Dealer*）

葛拉威爾的新作《決斷2秒間》具備多項走紅要素：文理清晰、有親和力，以及讓人瞠目結舌的科學實證。

——《奧斯丁美國政治家報》(*Austin American-Statesman*)

葛拉威爾有一種罕見能力，能化腐朽為神奇，把不相干的事情相連結，讓陳腔濫調生出新意。新聞系教授反對用「獨特」來形容任何人或事，但是在葛拉威爾身上卻適用。沒有人能像葛拉威爾一樣，把研究資料寫得如此通俗易懂。如果高中教科書有這本書一半好看就好了。

——《巴爾的摩太陽報》(*Baltimore Sun*)

葛拉威爾是當代知識普及化的大師之一，他將富衝擊性的觀念提煉出來，注入主流思維中。這是一本充滿撼人觀點的好書，閱讀時務必目不轉睛，以免錯過精彩片段。

——《達拉斯晨報》(*Dallas Morning News*)

具超強說服力的力作！《決斷2秒間》將人類決策過程描繪得豐富而有層次，值得一讀。葛拉威爾透過深度研究，以及清晰文字，傳達出普世經驗中的動人故事。

——《波特蘭奧瑞岡人》(*Portland Oregonian*)

葛拉威爾能把科學事實用新聞技巧講得精彩絕倫。

——《圖書館期刊》(*Library Journal*)

這是一本絕妙好書，也是思考「如何思考」的最佳精神食糧。

——《常春月刊》（*Evergreen Monthly*）

麥爾坎・葛拉威爾的新書《決斷2秒間》讀來十分享受，每個故事都很精彩。

——《費城詢問者報》（*Philadelphia Inquirer*）

葛拉威爾的文筆詼諧，《決斷2秒間》是一本關於邏輯，以及想太多反而惹麻煩的有趣論述，資料豐富又趣味盎然。

——《紐沃克星報》（*Newark Star-Ledger*）

作者本人就是瞬間決斷的高手，閱讀本書實為一大享受。《決斷2秒間》是葛拉威爾的最佳著作之一，充滿對世界與人類自身的絕妙洞見，他的見解令人過目難忘，讓你迫不及待與朋友分享。

——沙龍新聞網（Salon.com）

葛拉威爾將典故與研究結果融合成革命性的論述，並以自身的獨特觀點，回應他所預期的反對意見。《決斷2秒間》確立了葛拉威爾的地位，他是站在科學與文化十字路口最迷人的散文家。

——影音俱樂部（The A.V. Club）

introduction

緒論

雕像疑雲

就在觀看過程的兩秒間、在驚鴻一瞥之中，
他們對這座雕像本質獲致的瞭解，
超越了蓋提美術館專家團隊耗時十四個月的努力。

一九八三年九月，藝術品交易商貝奇納（Gianfranco Becchina）與美國加州的蓋提美術館（J. Paul Getty Museum）接洽，宣稱他擁有一座西元前六世紀大理石雕塑的「少年立像」，這是古希臘時期的裸體年輕男性立像，姿勢是左腳微微向前跨出、雙臂垂在身體兩側。全世界現存的古希臘少年立像只有兩百座左右，大部分從墓穴或考古遺址挖出後嚴重受損、甚至支離破碎，需要費心修復，貝奇納這一座卻保存得出奇地完好，它高達七呎，散發出淡淡的光輝，在眾多古文物中別樹一格。發現這座雕像非同小可，貝奇納的開價也逼近一千萬美元。

蓋提美術館謹慎以對，館方暫時借來這座少年立像，展開深入查證。這座雕像和其他現存的少年立像的風格是否一致？答案似乎是肯定的。它的風格讓人想起雅典國家考古博物館收藏的「安納維索斯少年立像」（Anavyssos kouros），由此可以推斷它的時代與地點。這座雕像到底是在何地、何時出土？沒有人能確切回答，但是貝奇納交給蓋提美術館法律部門一份文件，上面記錄它近期的歷史。從一九三〇年代起，這座少年立像成為一位瑞士醫師勞芬伯格（Lauffenberher）的收藏品，這位醫生則是購自於一位著名的希臘藝術品交易商盧索斯（Roussos）。

加州大學地質學者馬格利思（Stanley Margolis）前來蓋提美術館，花了兩天時間，以高解析立體顯微鏡檢視雕像的表面，然後從它的右膝下緣挖取一塊直徑一公分、長兩公分的樣本，運用

電子顯微鏡、電子微探針、質譜儀、X射線繞射、X射線螢光光譜儀等進行分析。最後馬格利思判定，這座雕像的材料是出產自薩索斯島（Thasos，位於愛情海北端）古老採石場瓦錫角（Cape Vathy）的白雲質大理石，而且雕像表面覆著一層薄薄的方解石物質，馬格利思表示這一點相當重要，因為白雲質大理石需要好幾百年、甚至數千年的光陰才會變成方解石；換言之，這座雕像必然相當古老，並非當代贋品。

蓋提美術館相當滿意，在展開查證一年又兩個月後，館方同意買下雕像。一九八六年秋天，這座少年立像首度公開亮相，《紐約時報》並以頭版刊登相關新聞。過了幾個月，蓋提美術館古文物部門主任特露伊（Marion True）女士在藝術期刊《柏林頓雜誌》（Burlington Magazine）上發表一篇文采斐然的長論，詳述館方的最新收藏：「現在這座少年立像不需支撐，巍然聳立，雙手緊貼大腿，表現出充滿自信的生命力，是所有同類的石像中最好的。」文末特露伊得意洋洋地總結：「無論是神祇抑或凡人，他都體現了西方藝術青春期光彩煥的活力。」

然而，這座少年立像有一個問題：它看起來不太對勁。首先點破的是義大利藝術史家柴瑞（Federico Zeri），他是蓋提美術館的理事。一九八三年十二月，柴瑞被帶到博物館地下室的文物修復室，見識這座少年立像，他立刻注意到它的指甲，覺得很不對勁，但一時間說不清楚原因。荷莉森（Evelyn Harrison）所見略

同，她是全世界最頂尖的希臘雕像專家之一，館方與貝奇納的交易已接近定案前夕，她正好到洛杉磯造訪蓋提美術館。荷莉森回憶當時情景說：「美術館館長赫夫頓（Arthur Houghton）帶我們到地下室看雕像，咻地一聲掀開布幔並說：『它還不是我們的，但再過幾個禮拜就是了。』但是我說：『我為你們的決定感到遺憾。』」荷莉森看出了什麼端倪？她原本也不知道。就在赫夫頓掀開布幔的那一刻，荷莉森心中隱然直覺到：這座雕像少了些什麼。

幾個月後，她帶著紐約大都會博物館前任館長霍溫（Thomas Hoving）二度造訪，到蓋提美術館的儲藏室看這座少年立像。霍溫有一個習慣，每當他檢視某件新的文物時，就會將腦海中浮現的第一個字眼記錄下來。霍溫永遠忘不了他初次看到這座少年立像時，心中閃現的第一個字眼，「那就是『新穎』（fresh）──『新穎』，」他追述。面對一座據稱有兩千年歷史的雕像，「新穎」實在是一種很古怪的反應。霍溫後來回顧這段經歷，明白自己為什麼會有那種反應：「我曾經在西西里島挖掘文物，發現過這類雕像的碎片，和我眼前這座雕像就是不一樣，它看起來就像用星巴克最上等的拿鐵咖啡浸泡過一樣。」

霍溫轉身對赫夫頓說：「你們付錢了嗎？」

他還記得當時赫夫頓滿臉錯愕。

「如果已經付錢，趕快想辦要求退款，」霍溫說，「如果還沒有，立刻停止交易。」

蓋提美術館發覺事態不妙，於是遠赴希臘召開一場專題研討會，他們將少年立像包裹妥當，運往雅典，邀集希臘最資深的雕像專家與會。這一回，大失所望的意見更是此起彼落。

研討會中，荷莉森站在雅典衛城博物館（Acropolis Museum）館長戴思皮尼斯（George Despinis）身旁，他瞧了這座少年立像一眼，臉色泛白，對她說：「任何只要看過地下出土雕像的人，都能分辨出那個東西不曾待在地底下過。」雅典考古學會主席鄧塔斯（Georgios Dontas）一看到這座雕像，就覺得背脊發涼，他說：「我第一次看到座雕像時，只覺得我和它之間隔了一層玻璃。」鄧塔斯的看法得到雅典貝納基博物館（Benaki Museum）館長狄利佛瑞雅斯（Angelos Delivorrias）的呼應，他在研討會上詳細解釋，為何這座雕像的風格與石材出自薩索斯島的事實有所衝突。接著狄利佛瑞雅斯切入重點：為什麼他認為這座雕像是贗品？因為當他的目光初次觸及雕像，他心中立刻湧現一股「直覺的排斥感」。研討會結束前，許多與會者達成共識：這座少年立像顯然並非真品。先前蓋提美術館動員了一批律師與科學家，進行數個月的深入查證，最後達成了一個結論；而幾位全世界最有權威的希臘雕像專家只不過看了雕像一眼，察覺到一股「直覺的排斥感」，就做出背道而馳結論。誰才是對的？

　　一時之間，情勢渾沌。在藝術專家的會議上，少年立像經常是引發爭議的導火線。然而一點一滴，蓋提美術館這樁懸案終於水落石出。蓋提美術館律師原本根據一批信件，追溯這座雕像曾經被一位瑞士醫師勞芬柏格收藏，但後來發現這批信件出自偽造。其中一封信標明的年代是一九五二年，但信封上的郵戳要到一九七二年以後才會出現；另一封據稱是一九五五年寫下的信，提及的一個銀行帳號是一九六三年才開立的。先前耗時數月的研究結果，斷定這座雕像的風格與「安納維索斯少年立像」系出同門，但這一點也化為疑點：幾位希臘雕刻專家越是仔細觀察，越覺得它是令人困惑的拼湊之作，揉雜了出自不同時代、不同地區的風格。這座雕像細長的身材比例，肖似慕尼黑一座博物館收藏的「提納的少年立像」（Tenea kouros）；它別具風格的珠狀髮型，很像紐約大都會博物館的一座少年立像；至於他的雙腳，看起來應該是現代人的手筆。分析到最後，這座少年立像的藍本恐怕是另一座體型較小、已經斷裂的少年立像，是由一位英國藝術史家於一九九〇年在瑞士發現的。這兩座少年立像出自相似的大理石，雕刻方式如出一轍，但是在瑞士發現的少年立像並非來自古希臘，而是羅馬一名雕像仿製家的工作室，仿製時間約在一九八〇年代初期。

　　至於蓋提美術館的科學分析報告認為，這座少年立像表面有一層特殊物質，代表它已經有千百年歷史，又如何解釋？結果顯示，事情並非如此完美無缺；另一位地質學家進一步分析後指

出，以馬鈴薯黴菌處理白雲質大間石雕像表面，只需要幾個月時間就可以製造出「年代久遠」的效果。今日在蓋提美術館的目錄中，你可以看到這座少年立像的照片，上面的註腳表明：「約西元前五百三十年，或為當代贗品」。

當柴瑞、荷莉森、霍溫、鄧塔斯和眾多藝術史家觀看這座少年立像，並且萌生出一股「直覺的排斥感」時，他們的判斷完全正確。就在觀看過程的兩秒間、在驚鴻一瞥之中，他們對這座雕像本質獲致的瞭解，超越了蓋提美術館專家團隊耗時十四個月的努力。

本書就是要探討這兩秒之間的決策判斷。

破解牌戲的玄機

假設現在我請你玩一種非常簡單的賭博遊戲。在你面前有四疊牌，兩疊是紅牌，兩疊是藍牌，其中每一張牌可能讓你贏錢也可能害你輸錢，你只要從任何一疊牌中掀牌，一次一張，盡可能贏得最多的錢。然而遊戲開始時你並不知道一件事：兩疊紅牌其實暗藏玄機，贏的錢看似不少，但輸的錢更是可觀。事實上，只有翻兩疊藍牌才有利可圖，能讓你持續贏得五十美元，輸掉的錢則相當有限。問題是：你要玩多久才會發現其中奧妙？

　　幾年前，愛荷華大學一群科學家進行這項實驗，結果發現，大多數人在翻過大約五十張牌之後，就會直覺到事態有異。我們並不清楚自己為什麼偏愛兩疊藍牌，但是很有把握它們的贏面比紅牌高。翻到大約第八十張牌時，大部分人已經知道怎麼回事，能夠解釋為什麼翻紅牌不是個好主意。這些情形都是順理成章，我們經歷一些經驗，思索一番，形成一套看法，最後再兩相印證，這就是所謂的「學習」。

　　不過愛荷華大學的科學家更進一步，讓這項實驗別開生面。他們將每名賭徒與一部機器連結，偵測手掌皮膚下方汗腺的活動。和人體大部分的汗腺一樣，手掌的汗腺不僅會感應溫度，也會感應壓力，因此我們緊張時才會手心冒汗。結果愛荷華大學的科學家發現，賭徒翻到第十張牌時，紅牌就會對他們造成壓力，然而他們要再翻四十張牌，才會明確察覺這兩疊牌不對勁。更重要的是，當賭徒手心開始冒汗時，他們的行為也會隨之改變，越來越傾向於捨紅牌而取藍牌。換句話說，賭徒早在恍然大悟之前，就已經破解了這場牌戲的玄機；早在察覺應該如何調整策略之前，就已經開始進行必要的調整。

　　當然，愛荷華大學所做的只不過是實驗，一場簡單的牌戲，受試者區區幾人，外加一部壓力偵測器，但是仍然充分彰顯了人類心靈的運作方式。這便是我們處於一種風險極高的狀況，事態瞬息萬變，參與者必須在短時間內掌握紛至沓來的新訊息。那麼

愛荷華大學的實驗能給我們什麼啟示？在這樣的時刻，我們的大腦會以兩種截然不同的策略掌握周遭狀況。第一種策略我們早已駕輕就熟，也就是有意識的策略，思索過去的學習經驗。設法找出解決之道。這種策略井然有序、穩紮穩打，但卻要翻過八十張牌之後才能見效，緩不濟急，而且需要大量的資訊。第二種策略則迅速得多，翻到第十張牌時就已啟動，而且它慧眼獨具，幾乎立刻就發現紅牌有問題。然而這種策略也有缺點，它完全是在潛意識的層次運作，至少在開始運作時是如此；它藉由間接而奇特的管道發送訊息，例如手掌皮膚下方的汗腺。在這種系統中，我們的腦部做出結論時，並不會立刻通知我們的意識。

荷莉森、霍溫與那些希臘雕像專家都是運用這第二種策略，他們並不需要鉅細靡遺地考量所有證據，匆匆一瞥得到的資訊便已足夠。認知心理學者吉格倫哲（Gerd Gigerenzer）稱這種思考模式「迅捷而精簡」。荷莉森等人只不過看了那座少年立像一眼，大腦的某個部位立刻進行一連串運算，而且在任何有意識的思緒浮現之前，他們已經「感受」到了什麼，就如賭徒手掌心突然泌出的汗水一般。對霍溫而言，那是閃現腦海的完全不對勁的字眼——「新穎」；對狄利佛瑞雅斯而言，那是一股「直覺的排斥感」；對鄧塔斯而言，那是他與少年立像之間隔著一塊玻璃的感覺。他們知道自己為什麼能洞悉真相嗎？完全不知道，然而他們就是獨具慧眼。

那兩秒鐘發生了什麼事？

人類大腦能夠以跳躍方式獲取結論的部位，科學家稱之為「適應潛意識」（adaptive unconscious），關於這一類型決策過程的研究，是心理學界最重要的新領域之一。「適應潛意識」不能和佛洛伊德所說的「潛意識」混為一談，後者是一個陰暗晦澀、充斥著光怪陸離的欲望、記憶與幻想的層面，我們無法以有意識的思維來處理。然而「適應潛意識」這個新觀念可以視為一部龐大的電腦，能夠迅速而且不動聲色地處理大量資料，讓我們的生存得以正常運作。當你走上街頭，突然間察覺有一輛卡車朝你衝過來，你可有時間考慮每一項選擇方案？當然沒有。人類這個物種之所以能夠生存至今，原因就於我們發展出另一種決策機制，只憑藉著非常稀少的資訊，就能夠在一轉眼間拍板定案。心理學家威爾森（Timothy Wilson）在《自己就是陌生人》（*Strangers to Ourselves*）一書中寫道：「最有效的心智運作方式，是必須將大部分高層次的複雜思維交付給潛意識；就如同現代的噴射客機能夠仰賴自動化飛航系統，盡量減少人為的、『有意識的』駕駛動作。對於衡量處境、警示危險、設定目標與發起行動，『適應潛意識』都能以精熟而有效的方式獨擅勝場。」

威爾森指出，我們會視情況交錯運用意識與潛意識的思維模式。請一位同事吃晚餐是有意識的決定，你考慮再三，判斷這頓晚餐會相當愉快，於是對他或她提出邀請。當你突然間與這位同

事發生爭執，則是一種潛意識的決定，來自你大腦另一個部位，是由你性格的另一個層面所驅動的。

　　每當我們初次邂逅某人、與某位求職者面談、因應某個新理念、被迫快速做出決定，我們都會運用這部電腦。例如，當你還在讀大學的時候，你要多久時間才能判斷你的教授是否稱職？一堂課？兩堂課？還是一學期？心理學者安芭蒂（Nalini Ambady）做過一個實驗，先給學生看某位教師的三段教學錄影，一段十秒鐘，而且沒有聲音，結果這些學生對於評價這位老師的教學成效毫無困難。接下來安芭蒂將影片時間剪短一半，可是學生的評價結果並沒有改變。甚至當影片剪到只剩兩秒鐘時，學生的評價還是與先前相當一致。安芭蒂進一步將這些對於老師教學成效的瞬間判斷，與上了相同老師一學期課後的學生做的評價相比較，發現兩者大同小異。一個學生看了某位素不相識的老師上課的無聲影片兩秒鐘，和那些實際上了這位老師的課一整個學期的學生，兩者對這位老師達成的結論非常接近。這就是「適應潛意識」的力量所在。

　　當你第一次拿起這本書，也做了同樣的事情，只不過你未必察覺。這本書你拿在手中多久？兩秒鐘？就在如此短暫的時間中，這本書的封面、我的名字帶給你的聯想、開場白中關於古希臘少年立像的簡短句子，這一切都創造出一種印象，一陣飛馳而過的思緒、意象與觀點，基本上就已確定了你閱讀這篇緒論的方

式。這兩秒鐘之間到底發生了什麼事，難道你不好奇嗎？

　　我認為人們對於這種快速認知有著根深柢固的狐疑。在世人眼中，一項決策的品質與其耗費的時間精力成正比。當醫師面臨一場相當困難的診斷時，他會讓病人接受更多檢查；當我們對聽到的言論產生疑問時，也會多方諮詢。我們經常對孩童叮嚀什麼？忙亂易出錯、三思而後行、想清楚再做、不要只看事情表面等等。我們總認為蒐集的資訊越多，思考的時間越長，對我們的幫助就越大；其實我們只信賴有意識的決策。然而**生活中總有某些時刻，尤其是在壓力沉重的時刻，我們的瞬間判斷與第一印象是幫助理解周遭狀況更好的工具**。本書的第一個宗旨，就是要讓讀者相信一樁簡單的事實：與深思熟慮做出的決定相比，轉瞬間的決定毫不遜色。

　　然而本書並不只是要頌揚驚鴻一瞥的強大力量，對於人們如何會對自身的直覺本能視而不見，筆者也很有興趣。舉例而言，既然蓋提美術館那座少年立像是如此明顯出於偽造，或者至少可說是問題重重，那麼為何當初館方會收購它？館方的專家在查證雕像來源的十四個月中，為何沒有產生那種「直覺的排斥感」？這是蓋提美術館事件的一大謎團，答案就在於：由於種種原因，那些直覺感受遭到扼殺。相關的科學資料看來令人信服，固然是原因之一（地質學者馬格利思對自己的分析滿懷信心，還在《科學人》〔*Scientific American*〕上發表長篇專文，闡述自己的方

法）；然而最重要的原因還是：蓋提美術館一廂情願地期盼這座雕像是真品。當時蓋提博物館剛成立不久，急於建立世界級水準的典藏，而那座少年立像是如此獨樹一格，使得館方的專家對自己的本能反應視而不見。全球最頂尖的古代雕刻專家之一朗若茨（Ernst Langlotz）有一回問另一位藝術史學者歐提茲（George Ortiz）是否願意買下一座青銅雕像；歐提茲看了那件作品之後大為訝異，因為它顯然是一具贗品，充滿了矛盾與草率的成分。為什麼像朗若茨這樣優秀的希臘雕像專家竟會上當？歐提茲的看法是，朗若茨在很年輕的時候買下這座雕像，當時他還沒有累積雄厚的專業經驗，歐提茲說：「我想朗若茨愛上了這座雕像。人在年輕的時候，的確可能愛上自己買下的第一件作品，這座雕像大概就是朗若茨的初戀對象。儘管他在這方面的專業知識首屈一指，顯然還是沒辦法質疑自己的第一件收藏品。」

　　這並不是什麼異想天開的解釋，它說中了人類思維方式的某些基本特質。我們的潛意識雖然強而有力，但也相當脆弱。我們的內在電腦無法一直大張旗鼓地運作，隨時解析任何情境的「真相」，它可能遭到揚棄、迷失方向、喪失功能。我們的直覺反應必須與各式各樣的利益、情感、情緒相互競爭，因此，我們何時要信賴自己的直覺反應？何時又必須提高警覺？本書的第二個宗旨就是要回答這個問題。當我們的快速認知能力出差錯時，背後通常有一系列獨特而一貫的原因，我們往往能夠辨識與瞭解這些原因。我們可以透過學習，來掌握何時要聽從自己內在的那部電

腦，何時應該謹慎防範。

　　本書第三個、也是最重要的宗旨是讓讀者瞭解：我們的瞬間判斷與第一印象能夠加以訓練，並且駕馭操控。我知道這一點很難令人接受。荷莉森、霍溫與其他幾位藝術史專家在觀看蓋提美術館的少年立像時，產生了強而有方、複雜微妙的反應，但那些都是從潛意識層面自然湧現的，不是嗎？這種神秘的反應可以控制嗎？確實可以。既然我們能夠將思考磨練得條理分明、謹慎縝密，同樣的道理，我們也可以訓練自己做出更好的瞬間判斷。本書陸續出場的人物包括醫師、將軍、教練、家具設計師、音樂家、演員、汽車銷售員等等，絡繹而至，他們在各自的工作領域斐然有成，而且成功的原因至少有一部分是因為他們能夠形塑、操控與訓練自身的潛意識反應。**在事情發生的前兩秒鐘就精確掌握狀況，並不是少數天之驕子才擁有的神奇天賦，而是我們每個人都能夠自我培養的能力。**

煥然一新的世界

　　許多著作論述範圍廣泛的主題，以宏觀的角度分析世事，但本書並非如此，它只著眼於日常生活中最小的要素：每當我們認識一位陌生人、遭遇某種複雜的處境、必須在沉重壓力之下做出決定時，我們心中會立刻湧現一些印象與判斷，本書就是要探

討這些印象與判斷的內涵與起源。我認為人們在探討自身與世界的時候，總是太過於關注宏觀的理念，而輕忽了這些轉瞬間的時刻。如果我們認真看待自己的直覺；如果我們不再以望遠鏡掃瞄遠方的地平線，轉而以強力顯微鏡觀察自身的決策與行為，那會如何？我認為如此一來，那將改變包括戰爭、產品種類、電影製作、警員訓練、婚姻諮詢到求職面試等等的進行方式。將這些小小的改變結合起來，世界將煥然一新、更為美好。我相信各位在讀完本書之後，也會認同我的信念：要理解我們自身與行為，必須體認到，電光火石的瞬間判斷與耗時數月的理性分析在價值上可以等量齊觀。當那座古希臘少年立像的真偽之辨塵埃落定時，蓋提美術館古文物部門主任特露伊女士說：「我一直以為科學見解要比美學判斷來得客觀，現在我知道我錯了。」

本章參考資訊

* 蓋提美術館的少年立像：www.getty.edu/art/collections/objects/012908.html
* 愛荷華大學的賭徒實驗：www.uta.edu/psychology/faculy/levine/jdmminneapolis2001.pdf

chapter 01

第一章

「薄片擷取」理論
點滴知識的漫長路徑

跟我們從未謀面的陌生人，
僅僅只花二十分鐘思索考量相關訊息，
對我們的瞭解很可能更勝於交往多年的朋友。

幾年前，一對年輕夫妻到西雅圖華盛頓大學造訪心理學者高特曼（John Gottman）的實驗室。小倆口都只有二十來歲，金髮碧眼，髮型蓬亂而時髦，眼鏡也獨具一格。後來有些實驗室人員表示，這對夫妻是人見人愛的那一型，聰明伶俐、魅力十足，說話幽默而帶點諷刺；在高特曼為他們拍攝的錄影帶中，這些特質呼之欲出。那位丈夫我們姑且稱之為比爾，輕鬆的態度很討人喜歡；他的妻子蘇珊則有犀利而一本正經的機智。

比爾與蘇珊被帶往一幢外觀平凡建築二樓的小房間內，高特曼就在這裡工作。兩人坐入兩張放在突起平台上的辦公椅，相隔約一・五公尺。兩人的手指與耳朵上連接著電極與感測器，可以測量心跳、流汗、皮膚溫度等訊息。椅子下方的平台有個「搖晃計量表」，記錄他們坐立不安的移動幅度。此外有兩具攝影機分別對著夫妻兩人，錄下他們的一言一行。接下來的十五分鐘，其他人全部退出房間，攝影機開始運轉，他們接受指示，要討論婚姻中任何曾經引起爭端的話題；比爾和蘇珊的話題是兩人養的狗。他們住在一間小公寓，卻養了一隻大狗。比爾不喜歡那隻狗，但蘇珊對牠寵愛有加，因此兩人就用這十五分鐘來討論養狗的問題。

如果讓你觀看比爾和蘇珊這段對話錄影帶，至少在乍看之下，似乎不過是一般夫妻之間的尋常對話，沒有哪一方發脾氣、沒有大吵大鬧、沒有情緒崩潰、沒有恍然大悟。「我不是那種很喜歡狗的人，」比爾如此開啟話題，語氣十分理性。他雖然略有

抱怨，不過是針對那隻狗而不是蘇珊。蘇珊也有怨言。然而也有些時候，他們完全忘記這應該是一場辯論，例如談到狗身上的味道時，比爾和蘇珊愉快地你來我往，嘴角帶著一抹微笑。

> 蘇珊：親愛的，牠可沒有臭味……
>
> 比爾：你今天聞過牠嗎？
>
> 蘇珊：我聞過，牠很香。我撫摸牠之後，手上並沒有異味或是油膩的感覺。你的手絕不會有油膩的氣味。
>
> 比爾：是的，長官。
>
> 蘇珊：我的狗從來不會渾身油膩骯髒。
>
> 比爾：是的，長官。牠是一條狗。
>
> 蘇珊：我的狗絕不會油膩骯髒。你最好小心一點。
>
> 比爾：你才要小心一點。
>
> 蘇珊：你才要小心……不准你說我的狗油膩骯髒，小子。

愛情實驗室

　　想一想，觀看這捲十五分鐘的錄影帶，對於蘇珊與比爾的婚姻狀況能夠有多瞭解？我們能否分辨他們的夫妻關係是健全還是有問題？我想大部分人都會說，比爾與蘇珊對於狗的討論透露

出的訊息相當有限，十五分鐘太短了。婚姻涉及更多更重要的因素，例如金錢、性關係、子女、職業與姻親等，每一天都在變化。夫妻倆有時候卿卿我我；有時候吵吵鬧鬧；有時候好似非要你死我活，但是度個假回來又像新婚燕爾一樣。如果想「瞭解」一對夫妻，你得長時間觀察他們的各種狀況：快樂、疲倦、生氣、憤怒、歡喜、絕裂等等，只看比爾與蘇珊這種閒話家常的情境是行不通的。為了要準確預測婚姻前景這類影響深遠的問題，其實任何一種預測都一樣，你必須蒐集大量資訊，並且盡可能顧及各種狀況。

然而高特曼證明了一件事：這些大費周章的工夫並無必要。從一九八○年代起，高特曼在華盛頓大學校園內他的「愛情實驗室」裡，測試過三千多對像比爾與蘇珊這樣的夫妻。每一對夫妻都錄影存證，並運用高特曼所稱的「特定情緒編碼系統」來進行分析。特定情緒編碼系統分為二十個門類，分別對應受測試夫妻在對話過程中可能表達的二十種情緒，例如「厭惡」的代碼是1、「輕蔑」是2、「生氣」是7、「防衛」是10、「牢騷」是11、「悲傷」是12、「抗拒」是13、「平靜」是14。高特曼指導研究人員從人們表情的微妙變化辨識其情緒，並解讀對話中看似模稜兩可的隻字片語。研究人員觀看每一對夫妻的錄影帶，然後依據特定情緒編碼系統為兩人互動的每一秒鐘編上一個代碼，因此十五分鐘的對話會轉譯成一長串一千八百個數字，夫妻兩人各九百個。舉例而言，「7、7、14、10、11、11」代表在這六秒鐘時間裡，

夫妻中有一人先是生氣，然後恢復平靜，為自己辯護，接著大發牢騷。電極與感測器記錄的資料也要匯入，讓研究人員知道夫妻兩人何時心跳加速、何時體溫升高、何時坐立不安，再將全部資料套入一道複雜的方程式。

在這一連串計算結果的基礎之下，高特曼達成了不起的成就：只要分析一對夫妻一個小時的對話過程，他就能夠預測這對夫妻十五年後是否仍繼續廝守，準確度高達九五％；如果將分析的對話縮短為十五分鐘，準確度也逼近九〇％。最近，跟高特曼合作的卡瑞若（Sybil Carrere）教授重新檢視這些錄影帶，試圖在研究方法上另闢蹊徑，結果卡瑞若發現，研究人員若只是觀看三分鐘夫妻對話錄影，他們還是能夠相當準確地預測一對姻緣未來的分合。瞭解他人婚姻本質所需要的時間，遠比人們的預期來得短。

高特曼是一位中年男性，一雙大眼睛有如貓頭鷹，滿頭銀髮，鬍鬚修剪得整整齊齊。他身材矮小但魅力十足，每當談起他興致勃勃的話題時，雙眼就會變得又大又亮，而高特曼也總是興致勃勃。越戰時期，高特曼以違背良心為由拒服兵役，如今他身上仍然散發著一九六〇年代的嬉皮風味，例如他有時會在垂著穗帶的猶太小圓帽上再戴一頂有毛澤東頭像的鴨舌帽。高特曼不只是個科班出身的心理學者，還曾在麻省理工學院攻讀數學，而他顯然也對數學家的嚴格與精確念茲在茲。我第一次和高特曼見面

的時候，他最具雄心的一本著作剛出版，書名為《離婚的數學》（*The Mathematics of Divorce*），厚達五百頁。他試圖協助我瞭解他的論證，在一張紙巾上草草寫下幾道方程式，又畫了幾幅草圖，讓我聽得頭暈腦脹。

在討論靈光乍現的思維與決策的書中，以高特曼做為例證似乎格格不入。他的研究途徑與本能直覺全然無關，他也不做瞬間判斷。高特曼是坐在電腦前面，鉅細靡遺地分析錄影帶，每一秒鐘都不放過，這正是一種充滿自覺而縝密的思考。然而對於我們瞭解快速認知的關鍵要素「薄片擷取」（thin-slicing），高特曼的研究裨益良多。薄片擷取意指我們的潛意識有一種能力，只憑藉些微的「經驗薄片」，就能夠掌握情境與行為的模式。當荷莉森看著那座古希臘少年立像並脫口而出說：「我對你們的決定感到遺憾。」她在進行薄片擷取；當愛荷華大學實驗的賭徒只翻了十張牌之後，就開始對兩疊紅牌出現壓力反應，他們也在薄片擷取。

薄片擷取一方面是潛意識引人入勝的特質所在，但另一方面也讓快速認知飽受質疑：人們怎麼可能以如此短暫的時間蒐集必要資訊，做出內涵複雜的判斷？答案是，我們的潛意識所進行的薄片擷取，其實就像高特曼的錄影帶分析和方程式運算，只不過是在潛意識中渾然不覺地快速運作。一段對話是否就足以瞭解一場婚姻？答案是肯定的；其他看似複雜的情境也是如此，高特曼已經為我們指出要如何去判別。

婚姻與摩斯密碼

　　我在高特曼的實驗室看比爾和蘇珊的錄影帶時，旁邊有一位研究生塔芭瑞絲（Amber Tabares），她是受過訓練的「特定情緒編碼系統」的編碼專家。我們坐在比爾與蘇珊先前錄影的房間，看著電視螢幕中這對夫妻的互動。比爾首先開口，說他喜歡以前養的那條狗，但是不喜歡現在這隻。比爾的話語聽不出怒氣或敵意，似乎只是想解釋自身的感受。

　　但塔芭瑞絲指出，我們如果仔細聆聽，就會感受到比爾強烈的防衛性。以特定情緒編碼系統的術語來說，比爾一方面抱怨不休，一方面運用「是的─但是」（yes-but）策略，也就是表面上同意對方、實際上不以為然。在兩人對話的前六十六秒，比爾有四十秒被標上「防衛」代碼。至於蘇珊，當比爾在講話時，她會不只一次眼球快速向上翻轉，這是典型的「輕蔑」表徵。接著比爾談到他討厭家中關狗的圍欄，蘇珊的反應則是閉上眼睛，語氣也開始帶有高高在上的教訓口吻。比爾說他反對在客廳中設置圍欄，蘇珊回答說：「我不想爭論這件事。」然後眼珠向上翻，又是一次輕蔑的表徵。「你看，」塔芭瑞絲說，「又一次輕蔑。才剛開始，他就一直採取防衛姿態，而她的眼珠已經向上翻了七次。」

　　在整個對話過程中，兩人都沒有明顯表露出敵意，然而還是不時出現一、兩秒鐘的微妙徵象，塔芭瑞絲按下暫停鍵，點出

其中奧妙。有些夫妻意見不合時會吵得人盡皆知，但比爾和蘇珊低調得多。比爾抱怨那隻狗干擾他們的社交生活，因為他們總是不敢太晚回家，以免狗把公寓弄得亂七八糟。蘇珊反駁說並非如此，「如果牠真的會亂咬東西，我們就算只出門十五分鐘，牠也可以大咬特咬。」比爾似乎也同意這一點，他微微點頭並說：「是的，我知道。」可是又補充說：「重點並不是這些理由，重點是我根本不想養狗。」

塔芭瑞絲指著錄影帶畫面說：「他先是說：『是的，我知道』，不過這就是一種『是的─但是』策略，表面上好像同意妻子的看法，但接著又強調他不喜歡那隻狗，他有很強烈的防衛性。我原本一直覺得他脾氣很好，總是能夠認同妻子的意見；後來我才恍然大悟，他是在運用『是的─但是』策略，我差點被他誤導。」

比爾繼續說：「我越來越能適應了，你得承認這一點，我的情況一星期比一星期有進步。」

塔芭瑞絲再度中斷影片說：「我們的另一項研究是觀察新婚夫妻，許多後來仳離的夫妻都出現一種情形：丈夫或妻子要求對方給予肯定，但是另一方卻置之不理。婚姻比較美滿的夫妻就不一樣，他們會聆聽對方並說：『你是對的。』這一點非常明顯，你在點頭稱是或發出『嗯哼』的聲音時，同時也表達了對配偶的支

持。但是蘇珊完全沒有這麼做，在整個對話過程中一次也沒有，我們一直到開始編碼才注意這一點。』

「這很奇怪，」塔芭瑞絲說：「他們剛到實驗室的時候，你不覺得他們是一對怨偶。他們做完實驗後，讓他們觀看自己的對話錄影，兩個人也都看得樂不可支。他們似乎相處得很好，但我還是覺得不太對勁。他們結婚並沒有多久，應該正是你儂我儂的時期。但事實上，蘇珊這個人簡直是固執不知變通，儘管他們爭論的主題是狗，然而真正的問題在於：每當夫妻倆意見不合時，她總是毫不退讓；長期來看，這種模式會造成很大的傷害。我很懷疑他們是否過得了七年之癢的關卡。兩人之間的正面情緒足夠嗎？因為他們現在的關係看似正面，其實不然。」

塔芭瑞絲要在這對夫妻關係中尋找什麼？就技術層面而言，她要測量正面情緒與負面情緒的比例。依據高特曼的研究，一段婚姻若要維繫不墜，夫妻談話表現的正面情緒與負面情緒比例，必須高於五比一。簡而言之，塔芭瑞絲想要從比爾與蘇珊的短暫對話中，尋找他們婚姻的模式。高特曼理論的核心之一就是：每一段婚姻都有其特定的模式，就好比「婚姻的DNA」，必然會從夫妻間有意的互動過程中浮現。這也是為什麼高特曼會要求每一對夫妻講述兩人邂逅的經過，他發現夫妻在敘述婚姻關係中這個最重要的事件時，這種特定模式會立刻顯現。

　　「真的是太明顯了，」高特曼說，「我昨天才看過一捲錄影帶，妻子說：『我們是在週末滑雪度假時認識，當時他和一群朋友在一起。我挺喜歡他的，我們相約之後單獨見面，但是後來他喝得太醉了，居然直接回家睡覺，害我空等了三個小時。我到他家把他叫醒，告訴他我不喜歡別人這樣對我，罵他實在很差勁。他卻說沒辦法，他就是喜歡喝酒。』」這對夫妻初次邂逅就出現令人憂慮的模式，而且可悲的是，這種模式在兩人後來的婚姻關係中始終存在。高特曼說：「要看出問題其實並不難。我剛開始做這些訪談時，會以為某些受訪夫妻可能當天心情欠佳。但是預測準確率一直居高不下，如果你重複進行訪談，還是會找出相同的模式。」

　　我們可以用摩斯密碼通訊世界中所謂的「筆跡」（fist），來比擬高特曼的婚姻理論。摩斯密碼是以點與線組成，長度各有規定，但是沒有一個發報員能做到毫釐不差。當發報員發送訊息，尤其是用「平鍵」（straight key）或「甲蟲」（the bug）這種老式手動機型的時候，他們的密碼間隔會約略變化，點與線的大小長短會伸縮，或者將點、線與間隔結合成特殊的韻律。使用摩斯密碼就像說話，每個人的口音都不一樣。

　　第二次世界大戰期間，英國政府募集了數以千計的「監聽員」，絕大部分為女性，她們的工作是二十四小時監聽德軍各單

位的無線電通訊。德軍的通訊當然都是以密碼傳送，因此至少在戰爭初期，英國方面無法破解其中的訊息。然而這並無大礙，因為不久之後，英軍的監聽員就能夠藉由密碼的傳送節奏，辨認出德軍發報員特定的「筆跡」，從而得知一項重要性幾乎等同於通訊內容的情報：是誰在發送密碼。「監聽德軍無線電的呼號一段時間之後，就可以聽出來那個單位有幾名發報員在輪流值班，他們每個人的密碼都各有特徵，」英國軍事史學家韋斯特（Nigel West）說，「除了發送軍方的訊息之外，他們一定也會先來段開場白，做一些違規的閒話家常。例如你今天過得怎麼樣？女朋友還好嗎？慕尼黑那邊天氣如何？監聽員會用一張小卡片詳細記下這些私人訊息，過不了多久，她們就會『認識』某一名德軍發報員。」

監聽員追蹤並記錄每個德軍發報員的「筆跡」與風格，給他們標上姓名代號，仔細勾勒出他們的個人背景。監聽員辨識出德軍發報員的身分後，就能找出他們發報的地點，藉此獲取另一項情報：什麼人在什麼地方發報。韋斯特繼續說明：「監聽員對德軍發報員的作業習性是如此瞭解，甚至能夠追縱他們在歐洲各地的調動狀況，這對我們掌握敵方戰鬥序列——戰場上各單位部隊的任務與位置——幫助極大。舉例而言，如果德軍某單位的一名發報員原本駐紮在義大利的佛羅倫斯，三個星期後你監聽到他從捷克的林茲（Linz）發報，你就可以推斷這支部隊已經從義大利北部調往東線戰場。或者你鎖定某個戰車維修單位的發報員，知道

他本來是每天中午十二點上機，然而在一場大規模會戰之後，他除了中午十二點上機外，下午四點與晚上七點也要值勤，於是你可以推測這個單位在會戰後的工作格外繁重。遇到情勢緊急的時刻，如果一位高層首長問你：『你能不能百分之百斷定德國空軍某個中隊已經從托布魯克（Tobruk）起飛，離開義大利？』你就可以回答：『沒問題，那個中隊的發報員是奧斯卡，我們有絕對的把握。』」

「筆跡」現象的關鍵要素在於它們是自然流露。無線電發報員不會刻意標新立異，但是每個人的特色就是無法掩抑，因為他們性格中的某些部分似乎會藉由摩斯密碼鍵的操作，自然而然且渾然不覺地表現出來。「筆跡」現象的一個特點是：些許幾個摩斯密碼就會讓它現形。我們若想辨識出某個發報員的個人模式，只需監聽對方發送幾字母即可。「筆跡」不會在不同的片段中改變或消失，也不會只出現於特定的字眼或片語。因此英國監聽員只聽了幾個字母之後，就可以信心滿滿地說：「那是奧斯卡在發報，也就是他的單位已經離開托布魯克，毫無疑問。」一個發報員的「筆跡」會非常穩定。

回頭來看高特曼的理論，他所說的就是每一段人際關係也有其「筆跡」：一種自然而然、自動浮現的顯著特質，因此婚姻狀況才會如此容易分析與解讀。因為從簡單如發送摩斯密碼，到複

雜如婚姻大事，人類活動的某些關鍵部分都有可資辨識的穩定模式。預測婚姻分合就像追蹤摩斯密碼一樣，都是在發掘其中特定的模式。

　　「在人際關係中，人們總是處於兩種狀態其中之一。」高特曼說，「第一種是我所謂的『正面情緒主導』，正面情緒凌駕了憤怒的反應，很像是緩衝器，儘管配偶的行為很惡劣，另一方還是能輕描淡寫地說：『他只是心情不好。』第二種狀態是『負面情緒主導』，配偶說的話就算相當中性，也會被另一方負面解讀。在負面情緒主導狀態中，人們會塑造對彼此的成見，就算自己的配偶做出某些正面的行為，那也是出於自私自利的動機。這兩種狀態都會根深柢固；而且當一方想要修復關係的時候，另一方會視之為試圖修好或是不懷好意，全看兩人處於何種狀態而定。例如，我跟妻子講話時，她卻說：『你可不可以閉嘴先讓我把話講完。』在正面情緒主導狀態下，我可能會說：『對不起，請繼續。』雖然我心裡並不舒服，但還是認同妻子是想修復關係。然而如果由負面情緒主導，我可能會說：『去你的，你還不是每次都打斷我的話，簡直就是個潑婦，跟你老媽一個德性。』」

　　高特曼邊說話邊在一張紙上畫圖，上上下下的曲線就像股市指數走勢圖，他說這是記錄一對夫妻正面與負面情緒比例的此起彼落；而且他不必花多少時間，就可以推測出這些曲線的走向。高特曼說：「有些夫妻會上升，有些會下降。然而一旦開始下降，

朝向負面情緒發展，九四％的夫妻會每況愈下。他們走上歧路。無法回到正途。我並不認為這只是一時片刻的問題，情緒比例曲線能夠顯示夫妻兩人如何看待自己的婚姻。」

輕蔑預示婚姻觸礁

讓我們更深入探討高特曼預測準確率的秘密。高特曼發現每一段婚姻都有其特殊的印記，藉由鉅細靡遺地蒐集一對夫妻在互動中表現的情緒訊息，可以揭示這種印記。不過，高特曼的系統還有一點格外令人興味盎然，就是他藉以簡化預測工作的方法。

我一直要到自己嘗試以「薄片擷取」來分析夫妻關係的時候，才察覺高特曼的簡化方法非比尋常。我拿了一捲高特曼的錄影帶，其中收錄了十對夫妻的談話，每段各三分鐘。我事先得知，其中五對夫妻在談話錄影後的十五年內陸續仳離，另外五對則繼續廝守。我能不能猜出每一對夫妻的結局？原本我自信滿滿，後來卻發現太高估了自己，我的成績差得離譜，只猜對其中五對，這跟擲銅板瞎猜沒有兩樣。

我遭遇的困難在於，這些影片蘊含的訊息太多了：一位丈夫說話時會處處設防，妻子以沉默回應，某種表情從她臉上一閃而過，他欲言又止，她臉色一沉，他置之一笑，有人喃喃自語，

有人皺眉蹙額。我一直倒帶重看，蒐集到更多的訊息，我會注意到一抹微笑，或是察覺聲調的細微變化。資料紛至沓來，我頭昏腦脹地估量著正面情緒與負面情緒的比例。然而何者為正？何者為負？蘇珊和比爾的案例讓我知道，有許多情緒看似正面、實為負面；我也曉得「特定情緒編碼系統」中的情緒狀態多達二十種。你可曾試過同時追蹤二十種情緒？也許是因為我並不是婚姻顧問，但是這捲錄影帶曾經讓近兩百位婚姻治療師、婚姻研究人員、心理諮詢師、臨床心理學研究生、新婚夫妻、剛離婚的怨偶、白頭偕老的佳偶看過，這些人對婚姻的瞭解都遠勝於我，但是他們預測的準確率卻不比我好多少，只有五三・%，只比一般機運好一點。儘管夫妻關係的模式確實存在，也於事無補，因為三分鐘影片裡的資訊太過豐富，又稍縱即逝，我們實在找不出其中的模式。

然而高特曼並沒有這樣的問題，他以薄片擷取分析婚姻關係的功力已經是爐火純青，自稱可以坐在餐廳中傾聽隔桌夫妻的談話，然後準確判斷他們是否該開始考慮聘請律師，討論子女監護權歸屬問題。高特曼是怎麼辦到的？

因為他很清楚自己不需要關注所有細節。我光是計算負面情緒就已經應接不暇，因為我覺得錄影帶中充斥著負面情緒。高特曼則是精挑細選，他發現只要鎖定他所謂的「四騎士」：「防衛、抗拒、批判、輕蔑」，就足以獲取他所需的大部分資訊。而且「四

騎士」之中，高特曼認為其中最重要的一種情緒是「輕蔑」。在他看來，夫妻之中只要有人向對方表露輕蔑，就是他們婚姻觸礁的最顯著徵兆。

「你會以為『批判』最嚴重。」高特曼說，「因為批判是對一個人性格的一竿子打翻；然而輕蔑在本質上與批判不同，我可能『批判』我的妻子說：『你從來不聽我說話，你只想到自己，不關心別人。』她也會自我辯護，這的確不利於解決問題與溝通互動。但是如果我擺出高人一等的姿態，造成的損害會嚴重得多，『輕蔑』正是一種高高在上的言辭，通常會表現為侮辱，諸如『你這個潑婦；你這個窩囊廢』，將對方打成低人一等，造成兩人地位高下分明。」

事實上，高特曼還發現，夫妻關係中出現的輕蔑，甚至可以用來預測罹患感冒病症的次數。換言之，因為被所愛的人輕蔑而造成的壓力，會嚴重到影響身體免疫統的運作。高特曼說：「輕蔑和厭惡關係密切，兩者都是徹底排斥對方，視為非我族類。有些負面情緒具有明顯的性別差異，女性比較喜歡批判，男性容易產生抗拒。我們經常看到當女性開始討論某個問題，男性就會感到煩躁並企圖迴避，然後女性就更加不滿，於是形成一種循環。不過輕蔑的情緒並沒有性別差異，完全沒有。」輕蔑獨具一格：只要你能夠察覺到輕蔑，這對夫妻關係中的其他細節都會變得次要，不必一網打盡。

　　我認為人們的潛意識也是如此運作；**當我們快速打定主意或者浮現某種預感時，潛意識進行的就是高特曼所做的事。潛意識會仔細篩選過濾我們眼前的情境，揚棄所有無關緊要的資訊，全神貫注於真正的重點。**事實上，潛意識是這種工作的高手，因此透過「薄片擷取」得到的答案，往往更勝於深思熟慮、絞盡腦汁。

尋找好員工的另一種方法

　　假設你正在考慮是否要僱用我擔任某個職位，你看過我的履歷表，認定我符合基本條件，但還想確定我是不是真的適合你的組織，我做事認真嗎？為人誠實嗎？能學習新觀念嗎？為了要解答這些人格特質方面的問題，你的上司給你兩項選擇。第一種做法是讓你每星期跟我見兩次面，持續一年，我們一起吃午飯、用晚餐、看電影，直到你成為我最要好的朋友之一（你的上司要求很高）。第二種做法則是要你趁我不在家的時候，到我住的地方走一趟，花半個小時四處看看。你會選擇哪一種做法？

　　答案似乎顯而易見，你應該選擇第一種做法——「厚片擷取」（thick slice）。你和我相處的時間愈長，得到的訊息愈多，對我的瞭解也就愈深，對嗎？我希望你讀到這裡時，對這種做法至少會感到些許懷疑，而且你的確應該懷疑。信不信由你，心理學家戈斯林（Samuel Gosling）已經證明：以薄片擷取來判斷一個人的性

格，正是突顯這種方法成效令人驚豔的好例證。

　　戈斯林實驗的第一階段，是對八十名大學生進行性格判斷。他運用廣受學界接受的「五大項目量表」（Big Five Inventory）多重問卷，就五個領域來衡量一個人的性格：

1.外向性。平易近人還是退縮孤僻？幽默風趣還是一本正經？

2.親和性。滿懷信任還是生性多疑？樂於助人還是冷漠待人？

3.自律性。井井有條還是漫無章法？律己甚嚴還是意志薄弱？

4.情緒穩定性。憂心忡忡還是平靜鎮定？惶恐不安還是安之若素？

5.新體驗開放性。天馬行空還是腳踏實地？獨立自主還是隨俗從眾？

　　戈斯林先找到這八十名大學生的好朋友，要他們填寫這份量表問卷。

　　戈斯林想探討的是，當我們的朋友根據這五個項目來評量我們時，他們能夠真實呈現我們的性格到何種程度？答案並不足為奇，好朋友果然對我們知之甚深。他們擁有與我們相處的「厚片

經驗」，並轉化為對我們確實理解。接下來，戈斯林重複進行這個評量過程，然而評量者不再是受評學生的好朋友。他找來與受評學生素昧平生的陌生人，唯一的評分依據是那些學生的宿舍寢室。戈斯林發給每位評量者一塊寫字板，要他們走進這些大學生的寢室，參觀十五分鐘，然後回答一系列針對這間寢室主人的基本問題：最低一分最高五分，這間寢室的主人愛說話嗎？喜歡挑別人毛病嗎？做事能有始有終嗎？富有創意嗎？保守拘謹嗎？樂於助人且不求回報嗎？諸如此類的問題。戈斯林說：「我想要研究日常生活中的印象，因此我特別要求自己避免對觀察員下達指令，我只對他們說：『拿著這張問卷　到房間裡面好好逛一逛。』我的研究目標是直覺判斷的過程。」

結果這些寢室觀察員表現如何？他們對受評學生外向性的評量，準確度遠遠不如受評人的朋友，可見如果你想知道一個人有多麼活潑、健談與外向，顯然你還是得見過他本人，對於親和性──是否樂於助人且信賴別人──的評估，朋友也比寢室觀察員略勝一籌，我認為這是在意料之中。但是其他三項性格特質可就另當別論，這些拿著寫字板的陌生人反而取得佳績，他們對自律性的評估較為精確，在情緒穩定性與新體驗開放性方面的優勢更是明顯。因此，這些陌生人平均說來表現較好。換句話說，跟我們從未謀面的陌生人，僅僅只花二十分鐘思索考量相關訊息，對我們的瞭解很可能更勝於交往多年的朋友。不要理會那些沒完沒了的「相互認識」會面與用餐，如果你想確切知道我是不是一

個好員工，不妨找一天造訪我的住處，好好觀察一番。

　　大多數人都會覺得戈斯林的實驗結果難以置信，或許你也是如此。其實不必大驚小怪，高特曼的研究已經指出一條明路，這就是一種典型的「薄片擷取」。寢室觀察員看到的是受評學生最個人、私密的事物，其中蘊含著豐富多樣且呼之欲出的個人訊息。戈林斯舉例，寢室會透露三種與其主人性格相關的線索，首先是「身分宣示」：這是一種刻意的表現，顯示我們希望世人如何看待自己；將一張以優異成績自哈佛大學畢業的證書加框掛起來，就是一種身分宣示。其次是「行為痕跡」，我們無意中留下的線索，例如地板上的髒衣服，或是按照字母順序排列的雷射唱片。第三種則是「思想情感調節因子」，我們對個人私密空間所做的改變，足以影響我們置身其中的感受，例如牆角的香氛蠟燭、床鋪上刻意布置的裝飾性枕頭。如果你看到按照字母順序排列的雷射唱片、牆上掛著哈佛大學的畢業證書、邊桌上放著薰香爐、衣服整整齊齊擺在洗衣籃裡，我們當下便能掌握寢室主人性格的某些層面；而且就算你與這個人直接相處，也未必能夠做到這個地步。任何人如果瀏覽過新交往的男、女朋友的書架，或者曾經窺視他的浴室藥品櫃，應該都能體會其中道理：**如果想瞭解一個人，對他私人空間的匆匆一瞥，效果並不遜於和他本人相處幾個小時，甚至會更勝一籌。**

　　不過有一點同樣很重要，就是當你在觀看某個人的私密事

物時,你所「沒有」得到的資訊。如果你未曾與對方見面,也就避開了那些混淆、複雜、完全無關、只會破壞你判斷力的訊息片段。舉例而言,大部分人都很難相信一個體重一百二十五公斤的美式足球前鋒,也心思敏捷、慎思明辨,我們就是無法擺脫對於大塊頭運動員的刻板印象。然而如果我們只看到這個人的書架,或者他牆上掛的藝術品,就不會有刻板印象的問題。

　　人們的「夫子自道」也可能會混淆視聽;原因很簡單,大部分人對於自我很難保持客觀。因此在評估一個人的性格時,我們不會直接詢問他對自己的看法,我們會運用「五大項目量表」之類精心設計的問卷,誘導出足以彰顯真相的反應。這也是為什麼高特曼從來不浪費時間直接詢問一對夫妻他們的婚姻狀況;他們可能會說謊掩飾,或者不想家醜外揚;更重要的是,他們可能根本就是當局者迷,由於深陷泥淖或者幸福洋溢,反而無法看清自身婚姻關係的玄機。與高特曼長期合作的卡瑞若指出:「許多夫妻根本不知道自己在配偶前是什麼模樣。他們做完對話錄影之後,我們也會讓他們觀看。在最近的一項研究中,我們詢問看過錄影帶的夫妻有何感受,結果大多數夫妻對於自己與配偶爭執的模樣或溝通方式,都感到非常驚訝。有一位被我們認定為極度情緒化的女士,她說她平常渾然不覺自己很情緒化,還自以為是個冷靜鎮定、深藏不露的人。許多人都是這樣,常會誤判自己在正面情緒或負面情緒上的表現,一直要到看了錄影帶之後才恍然大悟,他們並不暸解自己在對話中真正傳達的訊息。」

如果一對夫妻不知道自身在配偶面前的表現，直接詢問他們又有何益處？因此高特曼會讓夫妻談論與他們婚姻相關的事務，例如寵物，而不要談論婚姻關係本身。高特曼運用這種間接策略，仔細觀察夫妻兩人的表現：從臉龐一閃而過的情緒跡象、手掌汗腺透露的壓力訊息，心跳的突然加速、對話音調的微妙轉變。高特曼迂迴前進，發現這種方法遠比正面交鋒更為快速而有效。

那些寢室觀察員也是在進行高特曼的分析工作，只不過沒有他那麼專業。他們找尋那些受評大學生的「筆跡」，花十五分鐘吸收訊息，並對受評的大學生產生一股直覺。他們同樣也是迂迴前進，運用寢室中的間接證據。這樣的判斷過程經過簡化：他們不與受評者見面，因此排除了那些只會造成混淆的不相干訊息。他們進行薄片擷取，結果呢？就和高特曼的婚姻預測一樣，這些手持寫字板的觀察員在預測上成績斐然。

哪種醫師容易被告？

接下來我們要進一步發揮薄片擷取的觀念。假設你在保險公司工作，這家公司向醫師銷售醫療過失保單。你的老闆為了公司收益，要你就所有投保的外科醫師，分析哪些醫師遭人控告的風險最高。這一回你還是有兩項選擇。第一種做法：檢視每一位醫

師的學歷訓練與專業證書，分析他們的執業紀錄，看看他們在過去幾年中失手過幾次。另一種做法則是：聆聽每一位醫師與病人對話的簡短片段。

　　我想各位讀者看到這裡應該心裡有數，猜想我會說第二種做法才是最佳選擇。你猜對了，原因如下：信不信由你，一名醫師被控告醫療過失的風險，與他過去犯多少錯誤沒有太大關聯。分析醫療過失訴訟的研究顯示，妙手回春的醫生照樣可能官司不斷，而有些經常失手的醫生卻從未上過法庭，而且絕大部分醫療過失的受害者根本不會提起訴訟。換句話說，促使病患一狀告上法院的主要原因，並不是低劣的醫療品質，而是低劣的醫療品質再加上某種遭遇。

　　什麼樣的遭遇？其實就是在個人層面上，醫師對待這些病患的方式。這類案例在醫療過失訴訟中屢見不鮮，病患抱怨醫生對他們匆忙應付、敷衍輕率或者狗眼看人低。「病患不會控告們他們喜歡的醫生，」頂尖醫療訴律師珀琴（Alice Burkin）指出，「在這個領域多年以來，我從來沒見過一位客戶上門投訴說：『我很喜歡這位大夫，心裡滿過意不去的，但我還是要告他。』倒是見過病患一心要告某位專科醫師，我們建議說：『這位醫師應該沒有過失，你的主治醫師恐怕才要負責。』然而對方會說：『我不管那位主治醫師做了什麼，我喜歡她，才不會把她告上法院。』」

　　珀琴曾經有位客戶罹患乳癌，但是一直拖到癌細胞開始轉移之後才診斷出來，這位病人想要控告她的內科醫師延誤診斷，其實真正該負責的是放射科醫師，可是這位病人就是堅持要告內科醫師。珀琴回憶道：「我們第一次會面時，她告訴我她恨透了那個女內科醫師，因為對方根本懶得與她講話，也從未詢問她有沒有別的症狀。『那個醫師從來沒把我當成一個人看，』她告訴我們。當病人的病情不樂觀時，醫師應該多花點時間為病人解釋前因後果，回答病人的問題，把他當成一個有血有肉的人來看待。做不到這一點的醫師，遲早要向法院報到。」由此可見，若想評估一位醫師官司纏身的機率，需要做的並不是分析他的手術紀錄，而是瞭解他與病人相處的情形。

　　醫學研究者李玟森（Wendy Levinson）最近針對一群外科醫師與他們的病患，錄下雙方數百場對話，其中大約半數醫師從未打過醫療官司，另外一半醫師至少被控告過兩次。李玟森發現，她只須憑藉這些對話資料，就能夠找出兩類醫師的明顯差異。從未挨告的醫師與病人談話的時間，平均比另一群醫師多出三分多鐘（十八‧三分鐘：十五分鐘）；他們也比較常運用「導向性」的言辭，例如：「首先我要為你做檢查，然後我們再仔細討論。」或者「我會空出時間來回答你的問題。」這些能幫助病患瞭解看診的過程，以及提出問題的適當時機。這類醫師也比較願意聆聽與回應，會以「繼續講，描述再詳細一點」之類的話語鼓勵病人；而且在看診時經常是談笑風生。有趣的是，兩種醫師給予病患的資

訊，就質與量而言都不分軒輊；未被控告的醫師並沒有提供更詳
細的醫療或病情資訊。雙方真正的差異完全在於他們與病人談話
的方式。

　　我們還可以進一步運用這些分析結果。心理學者安芭蒂借
來李玟森的錄音帶，選出每一位醫師各與兩位病人的對話，再從
對話中擷取兩段各十秒鐘的醫師說話，加起來總共是四十秒鐘
的「薄片」。最後，安芭蒂將這些薄片進行「內容過濾」，移除
讓聽者得以辨認個別字詞的高頻聲波，剩餘的部分就如同呢喃嘟
嚷，雖然有聲調、高音與節奏，但是聽不出內容。安芭蒂運用高
特曼的分析方法，請幾位評審根據這些語音片段，為一名醫師的
和藹、敵意、高傲、焦慮等特質評分。她發現只憑藉這些評分資
料，就可以準確預測哪些醫師曾經吃上官司，哪些醫師全身而退。

　　安芭蒂表示，這結果令她與同事驚訝莫名，原因不難明瞭：
評審對這些外科醫師的技術水準一無所知，也不清楚他們是老手
還是新手、受過什麼樣的訓練以及平常執業的程序，甚至根本聽
不懂這些醫師對病人說些什麼，預測的唯一憑藉只有醫師說話音
調的分析。事實上還有更基本的規則：聽起來高高在上的聲音多
半來自曾經被控告的醫師，比較帶有關懷意味的聲音則是沒有官
司紀錄的醫師。還有比這更薄的「薄片」嗎？乍看之下，醫療過
失應該是一個錯綜複雜、層面繁多的問題，然而歸根究柢，問題

完全在於「尊重」二字，而說話的音調最能夠透露出尊重的程度。就醫師與病患的對話而言，最容易傷害病人的就是那種高高在上、不屑一顧的音調。安芭蒂是否需要完整分析某位醫師與病人的互動過程，才能夠發現那種音調？當然不需要，因為醫生對病人的問診其實就像高特曼所進行的爭論對話，或者大學生的宿舍寢室，這些情境最能夠彰顯某些特殊的印記。

　　下回你去看醫生，坐在診療室中聽他說話。如果你感覺這位醫師對你說的話聽而不聞，以高高在上的口氣對待你，缺少應有的尊重，你要傾聽那些感覺。這時你已經對這位醫師進行薄片擷取，而且發現他的問題所在。

人人都愛湯姆漢克

　　薄片擷取並不是什麼特異功能，而是人類之所以為人類的核心要素。每當我們邂逅新朋友、試圖快速理解新事物，或者遭遇某種新情境，我們都會進行薄片擷取。這麼做是不得不然，而且我們會倚賴這種能力，因為外在環境潛藏著許多「筆跡」、許多特殊狀況，當我們全神貫注於一片「薄片」經驗的細節，就算過程只持續一、兩秒鐘，還是可以滿載而歸。

　　試舉一個相當驚人的例子：許多行業和學門都有特定的字

眼，用以描述一種深刻掌握經驗蛛絲馬跡的特殊能力。在籃球場上，擁有「球場意識」的球員能夠縱觀全局；在軍隊中，卓越的將領都能夠見微知著，以匆匆一瞥掌控整個戰場局勢，拿破崙有這種能耐，巴頓將軍也不例外。鳥類學家席布禮（David Sibley）指出，在新澤西州五月岬（Cape May）這個地方，他曾經看到一隻鳥從兩百碼外飛過，就立刻辨認出那是一隻罕見的流蘇鷸（ruff）。席布禮從來沒見過飛行中的流蘇鷸，當時的狀況也不容許他仔細打量端詳，然而他還是能夠捕捉每一隻鳥的特質，也就是賞鳥人士所稱的「giss」（整體印象、體形大小與形態），這樣就足以讓席布禮做出判斷。

「大部分的鳥類辨識工作都是以主觀印象為基礎，牠們的動作、不同角度的乍隱乍現、轉頭的模樣、飛翔的姿態與回轉的方式，進入你眼簾的是一連串的形態與角度，」席布禮說，「這些結合起來，形成了對某種鳥類的獨特印象，但是無法拆開來分析或是以文字描述。當你實地觀察鳥類時，你不可能花時間進行分析，說牠顯現出哪些細微特徵因此推斷牠的種類。鳥類觀察主要是一種自然而然、直覺湧現的過程。有了豐富的實地經驗之後，當你看到一隻鳥，牠會觸發你大腦內部一個小小的開關。如果牠看起來似相識，你驚鴻一瞥就能斷定牠的種類。」

好萊塢電影製片人葛瑞澤（Brian Grazer）過去二十年來屢創

票房佳績，他談起當年初遇湯姆漢克的經過，口吻幾乎和席布禮一模一樣。一九八三年，湯姆漢克還沒沒無聞，只拍過一部如今早已無人知曉（的確也該被遺忘）的電視節目《換帖兄弟》（*Bosom Buddies*）。葛瑞澤說：「他參加電影《美人魚》（*Splash*）的試鏡，朗讀對白，當時的情景現在我還記憶猶新。」葛瑞澤一看到湯姆漢克就知道他非比尋常，「我們先前已經找了幾百人來試演這個角色，有些演員比他還逗趣，但是都沒有他這麼討人喜歡。我覺得我可以進入他的生命，他面臨的問題也讓我感同身受。你要知道，如果你想讓觀眾發笑，你必須逗趣，為了要逗趣，你必須做一些惡劣的事。喜劇來自憤怒，逗趣來自生氣，否則就沒有戲劇衝突可言。但是他能夠讓你原諒他做過的壞事，而我們總是要原諒別人，因為到最後無論如何，就算他甩了女朋友或者做出讓你無法苟同的決定，你還是會接納他。我這些想法當時並沒有形諸語言文字，只是一種直覺的認定，後來我才分析出其中道理。」

我想許多讀者對湯姆漢克都有類似的觀感。如果我請你描述他的性格，你應該會形容他為人正直、值得信賴、腳踏實地、幽默風趣。可是你並不認識他，不是他的朋友，只在銀幕上看過他扮演的各式各樣角色。儘管如此，你還是能夠從這些「經驗薄片」中擷取很有意義的訊息，而且你對湯姆漢克的印象會強烈影響你觀看他主演電影的感受。葛瑞澤回憶他敲定湯姆漢克擔綱主演賣座電影《阿波羅十三》（*Apollo 13*）的經過說：「大家都認為湯姆漢克不適合飾演太空人，我說我雖然也不知道他適不適合，但這部

電影的主題是一艘太空船陷入危機，因此重點在於：誰最能夠引起世人伸出援手的同情心？美國觀眾最想拯救的人是誰？答案就是湯姆漢克。我們不想看到他喪命，我們太喜歡他了。」

　　如果我們無法進行薄片擷取，如果你非得經年累月才能認知一個人的真實面目，那麼《阿波羅十三》的戲劇性與《美人魚》的喜感都將蕩然無存。如果我們無法在剎那間掌握複雜的周遭狀況，籃球比賽將淪為一場混戰，而賞鳥人士也只能望鳥興嘆。不久之前，一群心理學家重新運用那套讓我嘆為觀止的離婚預測試驗，他們選了幾捲高特曼的夫妻對話錄影帶，讓非專業人士觀看評分，並且提供一些協助，評分者有一張情緒表可以按圖索驥。每一捲錄影帶擷取三十秒鐘片段，讓評分者看兩次，第一次觀察男方，第二次觀察女方。結果如何？這些非專業人士預測離婚的準確率超過八〇％，雖然比不上高特曼的功力，但已經相當了不起。其實這樣的結果並不足為奇，因為我們每個人都是「薄片擷取」的個中高手。

本章參考資料：

＊高特曼實驗室：www.gottmsn.com

＊英國軍事史學家韋斯特與摩斯密碼：www.nigelwest.com

＊心理學者戈斯林與寢室理論：homepage.psy.utexas.edu/HomePage/
Faculty/Gosling/

＊醫療糾紛與心理學：www.memag.com/memag

chapter 02

第二章

深鎖房門的後頭
當機立斷的秘密

她無法完全掌握與某人初次見面的當下時刻，
會依循什麼標準來形塑自己的喜好，
這部分的訊息隱藏在那扇深鎖房門的後方。

不久之前，全球頂尖的網球教練布萊登（Vic Braden）在觀看球賽時，開始注意到一種奇怪的現象。在網球比賽中，球員第一次發球如果出界，還有第二次機會，第二次再出界就稱為雙發失誤。布萊登發現，他能夠準確預知球員出現雙發失誤的時刻。當球員高高將球拋起，球拍向後拉，就在拍面與球接觸的一瞬間，布萊登會衝口而出說：「糟糕，雙發失誤！」而且果不其然，這球不是發得太偏太遠，就是掛網。不管場上球員是誰、男性抑或女性、是在現場觀戰或者透過電視轉播，或者他對某位球員發球習性熟悉與否，這些因素都不影響布萊登的預測，他說：「有一次我看幾個完全陌生的俄羅斯女子選手打球，照樣可以預測她們的雙發失誤。」布萊登也不是純靠運氣；丟銅板猜中哪一面叫作運氣，但雙發失誤非常少見，職業比賽一整場下來，每位球員發球多達數百次，雙發失誤頂多三、四次。有一年，在布萊登南加州住家附近舉行的印第安泉（Indian Wells）網球賽，布萊登決定觀戰時仔細記錄自己的預測，結果十七次雙發失誤他猜對了十六次。布萊登說：「有一陣子實在是百發百中，連我自己都害怕起來，簡直是嚇壞了。我曾經連續二十次預測成功，而且那些球員可是極少雙發失誤的高手。」

布萊登現年七十多歲，年輕時他是世界級的網球選手，過去五十年來，他結識許多網球史上最偉大的選手，也曾擔任他們的教練或顧問。布萊登身材並不高大，但是精力充沛，就像是三、四十歲人。如果你跟網球界人士探問，他們會告訴你，布萊登瞭

解網球運動的深入細微，在當今可算是領袖群倫；因此也難怪他能夠在一眨眼之間看出一記發球有無問題。這情形和藝術史家一眼看穿蓋提美術館那座少年立像是贗品，其實是同樣的道理。那些網球選手的身體姿態、拋球方式、動作流暢性中，有某部分一再地觸發了布萊登的潛意識，讓他直覺地辨識出雙發失誤的「giss」。他對發球動作進行薄片擷取，然後一眨眼！他看到了。不過有一個問題令布萊登苦惱：他百思不解自己是如何做到的。

「我到底看到了什麼？」他說，「我躺在床上思索，我是怎麼辦到的？不知道。這情形讓我苦惱不已，坐立難安。我不斷回想那些選手的發球過程，想破解其中奧秘。他們步伐不穩嗎？多墊了一步嗎？否讓球多彈了一下，打亂了動作的節奏？」然而布萊登預測雙發失誤的根據，似乎是埋藏在他的潛意識中，令他無從挖掘。

關於從我們潛意識湧現的思緒與決定，這是第二個關鍵重點。首先，瞬間判斷的速度極快，只須憑藉最些微的經驗薄片，而且這種判斷是在潛意識中運作。在愛荷華大學的賭博實驗中，賭徒早在意識覺察到紅牌有危險時，就已經開始避免翻取紅牌；他們要再翻七十張牌之後，大腦的意識才認清是怎麼回事。當荷莉森、霍溫與眾多希臘藝術史專家第一次看到蓋提美術館的少年立像，一股排斥感油然而生，問題浮現腦海，荷莉森脫口而出

說：「我對你們的決定感到遺憾。」而就在懷疑湧現的那一刻，這些專家根本說不清楚自己為何會有如此感受。霍溫曾經訪談過許多號稱是「贗品識破者」（fakebuster）的藝術家，據他們描述，判斷一件藝術品的真實性是種非常模糊朦朧的過程。霍溫說他們在觀看一件藝術品時會感覺「心血來潮，一連串視覺意象從心中閃現。一位『贗品識破者』形容那樣的經驗就如自己的眼睛和其他感官是一群蜂鳥，從數十個車站飛進飛出。在幾分鐘、甚至幾秒鐘之內，他就可以掌握眾多提醒他『當心！』的訊息。」

霍溫如此描述藝術史學者貝倫森（Bernard Berenson）：「他有時會令同事為之氣結，因為他無法清楚解釋自己為何能看出某件藝術品微細的瑕疵或不協調，從而斷定它經過拙劣的修補或者根本是贗品。在一場法庭訴訟中，貝倫森甚至只能以肚子不舒服來說明他的判斷依據。有時他會聽到奇怪的聲響，或者心情突然往下一沉，或者頭昏腦脹而搖搖晃晃。他揭穿某件贗品的方式顯然都不夠科學，但是貝倫森就只能如此表達。」

瞬間判斷與快速認知，都是在一扇深鎖房門的後方運作。 布萊登試圖一窺門後房間的奧秘，他徹夜不眠，思索網球的發球過程到底有何玄機，讓他得以對雙發失誤未卜先知，然而布萊登就是不得其門而入。

我想人們對於那扇深鎖的房門，恐怕都免有莫可奈何之感。

體認瞬間判斷與薄片擷取的強大力量並非難事，但是要我們信賴
這種看似高深莫測的力量，卻完全是另一回事。「我父親會坐下
來，詳細為你解釋他採取某種行動的理由，」億萬身價投資者索
羅斯（George Soros）的兒子說道，「當時我年紀還小，然而我記
得那一幕而且心想，他的說法至少有一半是胡扯。我知道每當他
的背痛發作時，他就會改變投資策略；他甚至還會痙攣抽搐，那
也是一種早期預警訊息。」

　　顯然這是索羅斯在他那一行出類拔萃的原因之一：他對於潛
意識思維成果的價值知之甚深。但是如果你我要出錢與索羅斯合
夥投資，而如果他提出決策的唯一依據就只是背痛，我們恐怕會
坐立難安。像傑克・威爾許（Jack Welch）這樣領袖群倫的企業
家，雖然將他的回憶錄取名為《傑克：發自內心》（*Jack: Straight
from the Gut*），但他仍然特別聲明：他之所以能夠在企業界鶴立雞
群，除了發自內心的本能直覺之外，更有賴於縝密建構的經營理
論、系統與原則。世人總是要求我們的決策必須有憑有據，如果
我們要說出自己的感覺，接下來就得詳細解釋感覺產生的原因。
這也就是為什麼蓋提美術館難以接受（至少剛開始的時候）霍溫、
荷莉森、柴瑞等專家的意見。因為聽信科學家與律師的意見要來
得容易多了，他們拿得出連篇累牘的資料來支持自己的論點。我
認為這種心態是錯誤的，如果我們想增進自己的決策品質，就應
該接納瞬間判斷的神秘本質。我們必須尊重一項事實：我們確實
可以在渾然不解其中緣由的情況下，掌握世事的真相，而且這麼

做經常是效果更好。

預先設定的行動

　　假設我是一位大學教授，請你到我的研究室來一趟。你走過一道長廊，從研究室門口進來，坐在一張桌子前面。桌上放了一張紙，上面寫有許多字彙，每五個為一組。我要你從每組的五個字彙中選出四個字詞，湊成合於文法的句子，速度愈快愈好，這就是「文句重組測驗」。準備好了嗎？

> **第一組**：他、在、憂慮、她、一直
> **第二組**：來自、是、佛羅里達州、柳橙、氣溫
> **第三組**：球、這個、投擲、拋、安靜地
> **第四組**：鞋子、給予、替換、老、這雙
> **第五組**：他、觀察、偶爾、人們、觀看
> **第六組**：會、將、流汗、寂寞、他們
> **第七組**：天空、這、一整片的、灰色、是
> **第八組**：應該、現在、撤退、健忘的、我們
> **第九組**：我們、賓果、唱歌、玩、來
> **第十組**：陽光、使得、溫度、變皺、葡萄乾

　　似乎是很單純的測驗，對不對？恐怕不是。信不信由你，當

你做完這份測驗走出我的研究室，回到大廳，你的步伐會比你當初走進來時緩慢。我用這份測驗影響了你的行為，想知道我是怎麼辦到的？回頭看看那張紙，十組字彙中散布著「憂慮」、「佛羅里達州」、「老」、「寂寞」、「灰色」、「賓果」、「變皺」這類具有特定意味的字眼。你以為我只是要你做語言測驗，事實上，我同時對你腦中那部大型電腦——「適應潛意識」——動了手腳，讓你想到老年的狀態。適應潛意識並沒有將它的靈光乍現通知腦部其他區域，但它對這些意味老年的字眼還是耿耿於懷，以至於當你做完測驗、走過迴廊時，你的行為變得老邁，你的腳步放慢下來。

　　這套測驗是由一位聰明絕頂的心理學者巴孚（John Bargh）所設計，也就是所謂的「預先設定實驗」（priming experiment），巴孚和其他學者設計出許多更為巧妙的同類型實驗，顯示潛意識這扇深鎖的房門後面的確是大有文章。有一次巴孚和兩位紐約大學的同仁陳馬克（Mark Chen）與巴洛絲（Lara Burrows）合作，在巴孚研究室外的長廊進行實驗。他們找來一群大學生當實驗對象，每個人發一張文句重組測驗紙。測驗內容分為兩種，第一種帶有「好鬥」、「大膽」、「粗魯」、「干擾」、「侵犯」、「傷害」等字彙；第二種則加入「尊重」、「體諒」、「欣賞」、「耐心」、「退讓」、「禮貌」、「殷勤」等字彙。兩種測驗都避免讓類似的字彙大量出現，因此學生不會發覺事有蹊蹺（如果你察覺有人要設定

你，這項實驗就泡湯了。）做完只需五分鐘的測驗之後，指示學生要走過長廊，到研究室與實驗負責人交談，接受下一項作業指示。

巴孚事先特意安排，每當一位學生來到研究室，實驗負責人就忙著與另一位知道內情的工作人員密切交談，而且這個人要站在門口，擋住學生的路。巴孚想探究的是，比較這兩組分別被「禮貌語彙」與「粗魯語彙」預先設定的學生，前者會不會等候久一點時間，才打斷實驗負責人與工作人員的對話。巴孚深知潛意識的影響力非同小可，因此推斷這兩組學生會顯現差異，但他預期差異應該是相當輕微。進行這項以人為主體的實驗之前，巴孚必須先向紐約大學的委員會申請許可，委員會要求實驗負責人與工作人員的對話不得超過十分鐘。巴孚回憶：「我們看著那些委員心想，你們真會開玩笑，這項實驗能測量到的差異恐怕只有幾毫秒。這些大學生可是紐約客，他們不可能在門口枯等太久，大概只有幾秒鐘，最長也不過一分鐘。」

巴孚和他的同事錯了。預先設定為粗魯的學生平均等候五分鐘之後，才打斷實驗負責人與工作人員的對話。至於預先設定為禮貌的學生，反應更是驚人，居然有高達八二％的學生一直苦苦等候，完全不曾打斷對話。假如實驗不是必須在十分鐘內結束，天曉得這些彬彬有禮、耐心微笑的學生會在門口罰站多久？

「實驗就在我研究室外面的長廊進行。」巴孚回憶實驗經過
說，「同樣的對話我得一聽再聽，每個小時都會有一位學生上
門，真的很無聊。這些人經過長廊時，都會看到實驗負責人與站
在門口的工作人員談話，而這位工作人員要一直假裝不懂她該做
什麼，不斷問東問西，撐過十分鐘，『要在哪裡做記號？我搞不
懂。』」巴孚想到當時的奇特場景，忍不住眨眨眼睛，「這項實驗
進行了一整個學期，做過禮貌語彙測驗的學生，一個個乖乖地站
在研究室門口。」

要注意的是，預先設定並不等於洗腦。我無法藉由「尿
布」、「奶瓶」、「泰迪熊」這類詞彙對你做預先設定，讓你透露
深藏心中的童年往事；我也不可能預先設定你幫我搶銀行。另
一方面，預先設定的效果也不能等閒視之。兩位荷蘭學者做過
一項研究，要學生回答益智遊戲「追根究柢」（Trivial Pursuit）的
四十二個高難度問題。學生分成兩組，第一組事先花五分鐘想像
自己是大學教授，並寫下心中浮現的所有事物，這組學生答題的
正確率是五五・六％。第二組學生先坐下來，想像自己是瘋狂足
球迷，結果他們的答題正確率只有四二・六％。「大學教授組」
學生的實際知識水準和「瘋狂足球迷」其實是一樣的，前者並沒
有比較聰明、專心或認真，他們只是處於一個「聰明的」心態背
景，而且將自己與大學教授之間的聰明意念聯繫在一起，顯然就
讓他們在面對高難度的益智遊戲問題時，更能夠脫口而出正確的
答案。五五・六％到四二・六％的差距相當可觀，很可能就決定

一門學科及格與否。

　　兩位心理學者史蒂爾（Claude Steele）與艾隆森（Joshua Aronson）後來更將這類型測驗推向極致，以一群黑人大學生為對象，要他們回答二十個選自美國研究所入學測驗（GRE）的問題。結果兩位心理學者發現，這些學生如果在作答前先填寫一份確認自身種族背景的問卷，光是這個簡單的動作，就足以預先設定所有關於非洲裔美國人學業欠佳的負面刻板印象，導致他們答對的題目足足少了一半。我們的社會向來對各種測驗滿懷信心，認為這是衡量受測者能力與知識的可靠指標，真的是如此嗎？如果一名來自明星高中的白人學生，學術性向測驗（SAT）成績高於一個出身貧民窟學校的黑人學生，真的是因為前者比較優秀嗎？還是因為前者具有白種人與明星高中背景，所以他不斷接受聰明意念的預先設定？

　　更令人興味盎然的是，預先設定的效應神秘難解。當你接受文句重組測驗時，你並不知道自己被預先設定要想到「老年」，你怎麼可能知道？線索相當微妙，難以捉摸。更令人吃驚的是，即使在受測者慢慢走出房間、走向大廳之後，他們還是渾然不覺自己的行為已經受到影響。巴孚曾經設計一種棋盤遊戲進行模式，參賽者唯有相互合作才能夠獲勝，然後他將參賽者預先設定為合作心態，果不其然，他們同心協力，過關斬將。巴孚說：「後來我們問這些參賽者一連串問題，例如：你們合作的程度有多

高？你們合作的意願有多強？然後將答案對照他們實際行為，結果發現兩者之間的相關性是零。實驗中的棋盤遊戲每場進行十五分鐘，到最後參賽者並不清楚自己做到了什麼，他們就是一無所知，說法東拉西扯且毫不相干。這一點讓我相當驚訝，我原以為人們至少還可以從記憶中尋求解釋，但他們就是做不到。」

史蒂爾與艾隆森的黑人大學生實驗也有同樣的發現，這些學生接受種族背景的預先設定之後，表現一落千丈。艾隆森說：「事後我問這些黑人學生：『有沒有什麼因素影響了你的表現？』或者『我要你確認自己的種族，會不會對你造成困擾？』儘管種族預先設定顯然有嚴重影響，但他們的回答卻是清一色的否定，甚至會說：『我想我不夠聰明，參加這種測驗力有未逮。』」

無庸諱言，這些實驗的結果令人忐忑不安，暗示我們所謂的「自由意志」恐怕是幻象的成分居多：**我們過生活的方式，其實多半有如飛機的自動駕駛；我們思考與行為模式——尤其是當下立即的反應，受到外界力量的影響程度遠超出我們的認知。**然而我認為，潛意識神秘莫測的運作方式，仍有一個非常重要的優點。以文句重組測驗為例，當我釋放出那些關於老年的語彙，你要花多少時間才能組合完成句子？我想一個句子頂多只需幾秒鐘。這速度很快，而你之所以能夠俐落地完成實驗，是因為你能夠全神貫注且心無旁騖。如果你測驗時刻意找尋語彙出現的模式，完成的速度一定大受影響，因為你的注意力分散了。的確，老年意味

的語彙改變了你走出研究室的速度,但這樣不好嗎?你的潛意識只不過是叮嚀你的身體:我接收到某些訊息,我們正處於某種和老年密切相關的情境,因此我們的行為也必須相應調整。從這個觀點來看,你的潛意識猶如你的「心智幫手」,為你打點生活中林林總總的心智細節,關注你身體發生的大大小小事務,從而在你專注對付眼前主要問題的同時,協助你保持合宜的行為模式。

設計愛荷華大學賭徒實驗的團隊,是由神經病理學專家達瑪修(Antonio Damasio)領導,他和同仁還做了一些引人入勝的研究,探討當我們讓過多的思考在那扇深鎖房門之外進行時,會發生什麼狀況。達瑪修的研究對象是一群病人,他們腦部的重要區域「腹內側前額葉皮質」受過傷,這個部位就在鼻腔後方。腹內側前額葉皮質在決策過程中扮演關鍵角色,它負責偶發事件和人際關係,以及整理我們從外界吸納的大量資訊,分出輕重緩急,標明必須立即處理的事務。腹內側前額葉皮質受傷的病人非常理性,有的甚至聰明過人、多才多藝,然而他們缺乏判斷力。更精確地說,他們的潛意識中少了一位「心智幫手」,因此無法將注意力聚焦在真正重要的事務上。在《笛卡兒的錯誤》(*Descartes' Error*)一書中,達瑪修描述了他與一位腹內側前額葉皮質受傷病人安排看診的經過:

　　我提出兩個日期讓他挑選,都是在未來的一個月

內，相距不過幾天。這位病人拿出他的記事簿，開始翻閱日曆。他後來的行為相當特別，幾位研究人員都親眼目睹。他耗了將近半個小時，仔細列出這兩個日期的利弊得失：先前的約會、與其他約會日期的差距、天氣的可能變化等等，幾乎一般人能想到的日期因素他都考慮到了。他拖著我們進行令人厭煩的成本效益分析，沒完沒了地兜圈子，徒勞無功地比較各種選擇和可能的結果。我們按捺性子耐心聆聽，努力克制自己不要拍桌子叫他閉嘴。

達瑪修的研究團隊也讓這些病患接受賭徒實驗。大部分病患和常人一樣，到最後都能看穿紅牌大有問題。但是他們完全沒有出現手心冒汗的情形，也沒有產生藍牌比紅牌有用的直覺；甚至在弄清楚遊戲規則之後，他們還是無法調整取牌策略、趨吉避凶。他們在理智上知道什麼是對的，但這樣的認知並不足以改變他們的玩牌方式。愛荷華大學研究人員貝卡拉（Antoine Bechara）形容：「這就像吸毒成癮。上癮的人對自己行為的後果可以說得頭頭是道，然而就是無法化言辭為實際行動；這是因為腦部的問題，我們正在探究。腹內側前額葉皮質受傷會導致認知與行為之間切斷關係。」

這些病患缺乏的是一位默默工作的心智幫手，協助他們找到正確的方向，並添加像手心冒汗之類的情緒反應，讓他們知道自

己做對了。在高度風險、快速變化的情境中，我們可不想像這些病患一樣冷淡疏離、純粹理性。我們不希望自己只能絮絮叨叨地討論選擇方案，卻無法身體力行。在某些時刻，如果那扇深鎖房門背後的心靈來幫我們定奪決策，反而要好一點。

我們都有「說故事的問題」

不久之前，一個春寒料峭的晚上，二十四位男女聚集在紐約曼哈頓一家酒吧的包廂內，男女各半，參加一場非常別緻的「快速約會」。他們都是二十來歲的年輕專業人士，有華爾街的金融業人員、醫學院學生、學校教師等等。其中四位女性來自鄰近的安克蘭珠寶公司總店，四個人都穿著紅色或黑色上衣、牛仔褲或深色長褲。男士們除了一、兩位例外，清一色穿著曼哈頓上班族的標準服裝：深藍色襯衫與黑色西褲。剛開始的氣氛有點彆扭，大家各自緊握著酒杯；活動負責人是一位高挑迷人的女子凱琳（Kailynn），接下來就由她出面帶動這群男女。

凱琳規定，每一位男士能和每一位女士談話六分鐘。女士們一整晚都坐在沙發上，這排低矮的沙發緊靠著牆壁，環繞整個包廂。男士們輪流與沙發上的女士一對一談話；凱琳每隔六分鐘搖一次鈴鐺，提醒男士們時間到了，該移駕至下一位女士面前。每一位參加者都拿到一枚徽章，分配一個號碼，還有一張簡單的

表格。六分鐘過後，假如你喜歡剛剛跟你談話的人，就勾選他或她的代號旁邊的方格。如果兩位參加者相互勾選對方，他們會在二十四小時內拿到對方的電子信箱。活動即將開始，酒吧裡瀰漫著滿心期待的竊竊私語，幾位參加者匆匆趕進化妝室梳洗打扮一番，凱琳搖響鈴鐺。

　　男士與女士各就各位，對話聲立刻響徹整個房間。男士的椅子和女士的沙發有一段距離，雙方都得俯身向前，手肘靠在膝蓋上。有一、兩位女士甚至興奮地在沙發上蹦上蹦下；跟第三號女士交談的男士打翻了啤酒，潑灑在她身上；第一號女士是一位棕髮女郎梅莉莎，想盡辦法讓她的男伴開口，連珠砲般迸出一串問題：「如果給你三次願望成真的機會，你會許什麼願？你有兄弟姊妹嗎？你一個人住嗎？」在另一個角落，一位相當年輕的金髮男子大衛問他的女伴為什麼參加這場活動，她回答：「我已經二十六歲了，我的許多朋友早就出雙入對，有長期交往的男朋友，或者已經訂婚甚至結婚，只有我還是孤零零一個人，真是淒慘。」

　　凱琳站在一旁觀戰，倚著橫亙在一面牆壁前方的吧檯，「如果你和對方相談甚歡，那麼六分鐘一下子就過去了；如果你覺得索然無味，你就會經歷這輩子最漫長的六分鐘。」她一邊說，一邊注視這群熱烈交談中的男男女女。「有時候會發生怪事。我永遠忘不了去年十一月那場，有位來自皇后區的男士帶了十二朵紅玫瑰，送給每一位與他談話的女士，他還穿西裝打領帶，」凱琳

嫣然一笑，「這位仁兄真是有備而來。」

　　過去幾年來，快速約會在全球各地蔚然成風，原因不難瞭解。這種活動是將男女約會提煉萃取為一種瞬間判斷，每一位坐桌前的男男女女，都要回答一個再簡單不過的問題：以後我還想再和這個人見面嗎？回答這個問題不必耗掉一整個晚上，幾分鐘時間已經足夠。例如薇瑪，她是四位來自安克蘭珠寶公司的女性之一，沒有看上當晚任何一位男性，而且都是一見面就立刻打定主意，「他們才說完哈囉就被我甩了，」薇瑪說，眼珠向上翻。隆恩是一家投資銀行的財務分析師，他勾選了兩位女士，其中一位是他在交談一分半鐘後決定；另一位是第二桌的麗蓮，隆恩一坐下來就心意已決。「她的舌頭有穿洞。」隆恩對這點激賞不已，「你到這種地方來之前，心想大概會遇見一堆律師之類的人物，但她完全不一樣。」麗蓮也喜歡隆恩，「你知道為什麼嗎？」她說，「因為他來自路易斯安那州，我喜歡他的口音。我故意讓筆掉在地上，想試探他的反應，結果他立刻就幫我撿起來。」後來我們知道，當晚有許多女士一見面就喜歡上隆恩，許多男士則當下就對麗蓮情有獨鍾。他們兩人都一種萬人迷的魅力。「其實女孩子都很精明，」身穿藍色套裝的醫學院學生瓊恩在當晚結束後說，「她們一開始就心裡有數：我喜歡這個人嗎？我可不可以帶他回家見爸媽？或者他只是一個只想跟我上床的討厭鬼？」瓊恩說得沒錯，有一點要修正：精明的不只是女孩。**人們運用「薄片擷取」來挑選約會對象時，幾乎每個人都相當精明。**

　　假設我稍微改變一下快速約會的規則。如果我試圖窺探那扇深鎖房門背後的奧秘，要每個人解釋他們選擇的依據，那會如何？當然，我們知道這種做法是緣木求魚，畢竟潛意識的運作機制永遠是諱莫如深。如果我們擺脫顧慮，硬是勉強人們解釋他們的第一印象與瞬間判斷呢？紐約哥倫比亞大學的兩位教授艾嫣佳（Sheena Iyengar）與費思曼（Raymond Fisman）就是這麼做。而且兩位學者發現，如果你要求人們解釋自己的想法，將產生非常奇特而令人困擾的結果，原本看似最為透明單純的薄片擷取運作，結果卻成為一團迷霧。

　　艾嫣佳與費思曼本身就是一對奇特的搭檔；艾嫣佳是印度裔，費思曼是猶太人；艾嫣佳是心理學者，費思曼是經濟學者。兩人之所以會涉入快速約會這個主題，是因為有一回他們在一場宴會上爭論媒妁婚姻與戀愛婚姻的優缺點。費思曼告訴我：「我們已經成功撮合一對佳偶了。」他身材瘦削，看起來像青少年，帶有一種諷刺挖苦的幽默感，「這個結果令我相當驕傲，你只要撮合三對，死後保證可以進猶太教的天堂，顯然我的進度挺不錯的。」艾嫣佳與費思曼在百老匯西城酒吧後面的包廂舉辦快速約會，那家酒吧與哥倫比亞大學校園隔街相望。這一系列快速約會是相當典型的紐約風格，只有一點例外：參加者不僅要在表格上勾選喜歡或不喜歡，而且還得在快速約會開始之前、當天晚間活動結束之後、一個月之後和半年之後，各填寫一份簡短的問卷，從一分到十分，評估他們期待約會伴侶擁有的特質。這些特質包

括：個人魅力、共同興趣、風趣幽默、誠懇態度、聰明才智與事業野心。除此之外，每一場快速約會結束之後，參加者必須評量他剛才邂逅的對象，評分根據同樣是上述的六種特質。等到晚上整個活動落幕，費思曼與艾嫣佳會得到一份鉅細靡遺的資料，瞭解每一位參加者在約會過程中的感受。當你檢視這些資料時，一種怪異的感覺將油然而生。

例如在哥倫亞大學舉辦的快速約會中，我特別注意到一位皮膚白晰、金髮鬈曲的女性，和一位身材高大、精力充沛的男子；後者眼珠碧綠，留著一頭長長的棕髮。我不知道他們的名字，姑且稱他們為瑪莉與約翰。我全程觀察他們的約會經過，從一開始就察覺他們兩情相悅。約翰在瑪莉的桌子前面坐下來，兩個人的目光如膠似漆。她害羞低頭，有點緊張，身體前傾。在外人看來，這似乎是完美的一見鍾情，但是讓我們進一步探究，問幾個簡單的問題。首先，瑪莉眼中約翰的人格特質，與她在活動之前列舉自己欣賞的男性特質，兩者是否吻合？換句話說，瑪莉預測自己喜歡哪一種男性的準確度有多高？費思曼與艾嫣佳很容易就找到答案。

對照比較這些參與者在活動前的陳述，以及約會當時真正吸引他們的特質，費思曼與艾嫣佳發現兩者並不一致。舉例而言，假如瑪莉事前說她喜歡聰明而誠懇的男性，這並不保證她在活動中一定會被聰明而誠懇的男性吸引；以她最喜歡的約翰來說，他

雖然頗具魅力、也幽默風趣，但並不以聰明或誠懇見長。而且如果在整個快速約會活動的過程中，瑪莉中意的男性全都是約翰這一型，第二天瑪莉描述她心目中的白馬王子時，她會說自己喜歡有魅力又風趣的男性。不過這種變化只限於結束後第二天，要是你隔一個月再問她，她又會改口說她看重的是聰明與誠懇。

如果這段敘述令你大惑不解，沒有關係，你的確應該困惑：瑪莉說她嚮往某種男性，然而當她面對滿屋子的選擇，並且遇見真正中意的對象時，她幡然改變自己對男性特質的期待要求。不過等到一個月過去，她又回頭肯定自己先前的講法。因此我們不免要問：瑪莉到底喜歡哪一種男人？

「我也不知道，」艾嬌佳面對我的問題，只能如此回答並反問：「你覺得一個人的事前陳述能代表他的『真實自我』嗎？」

她沉吟片刻，費思曼接過話說：「不能，『真實自我』是透過一個人的行動來呈現，至少經濟學家是這麼認為。」

艾嬌佳一臉疑惑：「我可不確定心理學家會有同感。」

兩位學者相持不下，其實原因在於標準答案根本就不存在。瑪莉對於自己欣賞的男性特質自有定見，這種看法不能說錯誤，只能說不完整。她事前陳述的是她意識層面的理想，出自端坐沉

思時認定自己期待的男性條件。然而她無法完全掌握與某人初次見面的當下時刻，會依循什麼標準來形塑自己的喜好，這部分的訊息隱藏在那扇深鎖房門的後方。

　　與職業選手共事的網球教練布萊登，也有類似體驗。他多年來致力於訪談世界網壇名將，探討他們如何、以及為何以某種方式打球，然而布萊登總是失望而歸，「我們雖然針對頂尖高手做了那麼多研究，但還是找不到任何一位選手能夠徹底瞭解並清楚詮釋自己的球風，」布萊登說，「他們的講法會隨著時間改變，或者根本不知所云。」布萊登的例行工作之一，是將這些高手的動作拍攝下來，並將影片數位化，在電腦上分割成一格一格的畫面，讓他能夠精確瞭解其中細節，譬如說山普拉斯（Pete Sampras）以反手拍回擊一記對角斜線球時，肩膀會轉動多少角度。

　　布萊登的數位化影片中，有一捲是網壇巨星阿格西（Andre Agassi）的正手拍擊球動作。布萊登將影像高度精簡，讓阿格西本人只剩一具骨架，因此當他移動要擊球時，全身每個關節的動作都能看得清清楚楚，以便做各種測量。這捲阿格西的影片是絕佳的例證，顯示我們無法一邊施做某種行為、一邊解釋其中原委。「幾乎每一位職業選手都說，他們打正手拍時，會在擊球的瞬間用手腕的力量轉動球拍，」布萊登說，「為什麼？他們看到什麼？你注意這裡，」他指著電腦螢幕，「看到他擊球那一瞬間的情形嗎？以數位影像分析手腕的轉動，可以精確到八分之一度，但我

們幾乎完全看不出球員有轉動手腕。你注意阿格西的手腕有多牢固，球被擊出之後許久他才轉動手腕。他以為自己在擊球的瞬間轉動手腕，其實根本不是那麼回事。為什麼有那麼多人上當？球員們付大把鈔票請來的網球教練，告訴他們擊球時手腕要轉動，唯一的結果卻是手臂受傷的案例暴增。」

布萊登發現棒球名將威廉斯（Ted Williams）也是同樣的問題。威廉斯可能是美國職棒歷來最偉大的打者之一，對棒球打擊藝術的素養與洞見備受推崇。威廉斯對一件事情津津樂道：他能夠一路緊盯著飛向球棒的球，直到棒子擊中球的那一瞬間。然而布萊登從他對網球的研究得知，威廉斯的說法是天方夜譚。一顆網球在飛向球員的最後五呎中，因為距離已經太近，而且速度實在太快，根本不可能看得見，這個時刻的球員其實與盲人無異。棒球的情形也一樣，沒有球員能夠看見一顆球飛近球棒。「我和威廉斯見過一次面，」布萊登回憶，「當時我們受席爾斯百貨公司邀請出席一場活動。我對他說：『嘿，威廉斯，我們剛做過一項研究，顯示人不可能看見球飛近球棒，那過程只有三毫秒。』而他也實話實說：『這個嘛，其實我只是好像可以看見。』」

威廉斯的打擊能力在棒球史上領袖群倫，可以信心滿滿地解釋自家的擊球訣竅。然而威廉斯的說法與實際行為是兩回事，就如同瑪莉雖然可以描述自己喜歡的男性，但那並不意味她就一定會與這樣的男性來電。**我們人類都有一種「說故事的問題」**

（storytelling problem）：**我們總是急於解釋其實自己並不明白的事情。**

　　許多年以前，心理學者邁爾（Norman R.F. Maier）做過一項實驗，他在一個房間裡從天花板垂吊下兩條長繩，房間裡擺放著各式各樣的工具、物品與家具。兩條繩子相隔一段距離，因此你抓住其中一條就抓不到另一條。每一位受測者走進房間之後，都面對同樣的問題：你能想出幾種方法，將兩個繩子的末端綁在一起？答案是四種。第一種方法是先將一條繩子盡量拉向另一條，再以椅子之類的物體固定住，然後去抓另一條繩子。第二種方法是找一條夠長的延長線，綁住其中一條繩子，再拉著它去抓另一條繩子。第三種方法是先抓住一條繩子，利用長桿之類的工具，將另一條繩子鉤過來。邁爾發現，大部分受試者輕而易舉就可以想到這三種辦法，然而第四種方法卻只有少數幾個人能想到——將一條繩子像鐘擺一樣來回擺盪，這樣就可以同時抓住兩條繩子；其他人都無法破解。邁爾要那些想不出第四種方法的人留在房間，思索十分鐘，然後他一言不發地穿過房間走向窗邊，然後假裝不經意地碰到那兩條繩子，讓它們來回搖晃。果不其然，邁爾這麼做之後，大部分受測者都靈光一現——啊哈！擺盪法湧現心頭。可是後來邁爾要他們描述自己如何想出答案時，只有一個人說出正確理由。邁爾說：「他們的描述五花八門：『我恍然大悟。』『只剩下這個辦法可行。』『我想到如果在繩子下面綁重物，

它就可以搖晃。』『可能是以前修過的物理課給了我啟示。』『我設法要把一條繩子弄過來,唯一的可能就是擺盪它。』一位心理學教授如此解釋:『想盡辦法之後,就只剩下擺盪還沒試過。我想到用繩索擺盪過河的情景,彷彿看到猴子在樹林中晃來晃去。這幅圖像和解決之道同時浮現,答案水落石出。』」

這些受試者在說謊嗎?或者他們不好意思承認自己是得到暗示才想出辦法?當然不是。他們之所以會如此回答,完全是因為邁爾的暗示訊息太過細緻微妙,受試者只能透過潛意識心領神會,然後送進那扇深鎖的房門後方處理。因此當受測者被迫強作解人,他們只能供出自認為最合理的說法。

那扇深鎖的房門讓我們受益良多,但我們也得付出一些代價。當我們要求別人解釋他們思維——尤其是發源自潛意識的思維,這時我們要特別小心解析對方的答案。在愛情方面,這一點早已是眾所皆知。我們不可能理性地陳述自己會愛上哪一種人,因此我們才需要約會,實際驗證我們會與哪種人墜入情網。大家也都認同,如果想學好網球、高爾夫球或某一種樂器,最好還是向專家求救,而且請他親自示範教學,而不只是紙上談兵。例證示範與直接經驗是學習的不二法門,因為語言文字的效用有時而窮。不過我也認為,在生活的其他層面,人們未必能夠體認這扇深鎖房門的神秘本質,以及「說故事問題」的危險性,而對不可能解釋的事情強作解人。而且一如本書後面幾章的探討,這種做

法的後果可能不堪設想。

　　心理學者艾隆森說：「美式足球黑人球星辛普森（O.J. Simpson）殺妻案的判決出爐之後，一位陪審團員在電視上斬釘截鐵地聲稱：『我的判斷與種族毫無關係。』但是她如何能夠確定這一點？我的種族預先設定與測驗成績實驗、巴孚的打斷對話者實驗與邁爾的繩索實驗，在在都顯示人們對於影響自身行為的因素一無所知，而且很少人能察覺自身的無知。我們必須承認自己的無知，而且要多說：『我不知道。』」

　　當然，我們從邁爾的實驗還能得到一項同樣可貴的教訓。邁爾的受試者束手無策、遭遇挫折，他們枯坐在房間裡十分鐘，一定有很多人覺得自己會被這項重要的測驗淘汰，讓自己的愚笨表露無遺。然而他們並不愚笨。因為房間裡的那些受試者，每個人都不只擁有一顆心靈，而是兩顆。當他們的意識心靈坐困愁城，潛意識心靈卻掃瞄整個房間，篩選各種可能的答案，過濾每一項可以察覺的線索。這第二顆心靈只要一找到出路，就會安靜而沉穩地引導它的主人，走上解決問題之道。

本章參考資訊

＊心理學者巴孚與預先設定實驗：bargh.socialpsychology.org

＊追根究柢益智遊戲：www.trivialpursuit.com

＊快速約會實驗：papers.ssrn.com/so13/papers.cfm?abstract_id=6783
04

chapter 03

第三章

哈定謬誤

為什麼我們偏愛
高大、深膚色、英俊的男性

我們確實應該嚴肅看待自己的快速認知能力，
體會第一印象在生活中能載舟、亦能覆舟的驚人力量；
但這麼做的前提是我們要主動出擊，
設法運用和掌控這些第一印象。

　　八九九年的一天早上，美國俄亥俄州里奇塢（Richwood）
環球大飯店（Globe Hotel）的後花園，兩位男士在讓擦鞋
童服務時偶然相遇。其中一位是來自州首府哥倫布市的律師兼遊
說專家道厄提（Harry Daugherty），他體格壯碩、臉色紅潤，一
頭黝黑的直髮，而且精明幹練。道厄提是俄亥俄州政壇的馬基維
利，也是典型的幕後操盤高手，對人物特質擁有精明且獨到的判
斷力，或者至少對政治機會是如此。另一位男士來自俄亥俄州的
小鎮馬里昂（Marion），是一家報社的總編輯，一個星期後將當
選州議會的參議員，他名叫哈定（Warren Harding）。道厄提仔細
端詳哈定一番，立刻為之傾倒。新聞記者蘇利文（Mark Sullivan）
描述那天兩人在飯店花園邂逅的情景：

　　　　哈定真是相貌堂堂、一表人才。當時他年約三十五
　　歲，他的頭部、五官、軀幹的形狀都引人注目；其比例
　　之美好，放在任何地方的任何一位男性身上，都不只是
　　『英俊』這個字眼所能形容。哈定揚名立萬之後，世人
　　不時以「羅馬人」來稱呼他。當他走下講台時，雙腿與
　　身體的比例格外賞心悅目；還有他的輕快腳步、挺拔姿
　　勢與從容儀態，在在增添了體態優美與男子氣概。他的
　　柔軟彈性與外形的魁梧融合無間，碩大明亮的雙眼、濃
　　密烏黑的頭髮，以及古銅色的肌膚，更使他帶有一種印
　　度男性的俊美。他讓位給其他客人的體貼殷勤，流露出
　　他對人發自內心、一視同仁的友善。他的聲音洪亮、雄

渾而溫暖。他對擦鞋童的工作十分關注，顯示他對服飾外觀十分在意，跟一般小城鎮出身的人士很不一樣。他給小費的方式讓人覺得他既大方又善良，很願意散播歡樂，這些都是奠基於他健全的身體與善良本性。

就在道厄提打量哈定的那一刻，心中浮現一個念頭，一個後來改變美國歷史的念頭：這個人必定可以成為一位了不起的總統吧？

哈定才智平庸，他喜歡玩撲克牌、打高爾夫球、喝酒，而拈花惹草最是令他興致勃勃；事實上，哈定的性欲之強早已不是秘密。他歷練過不少公職，但從來不曾領袖群倫。他對政策問題模稜兩可，他的演說曾被描述為：「堂皇的字句如大軍壓境，然而卻缺乏理念。」一九一四年哈定進入聯邦參議院，但是當時最重要的兩項政治議題——婦女投票權與禁酒政策——在國會辯論時，他都沒有出席。他之所以能夠在俄亥俄州政壇一路挺進，完全是因為妻子佛蘿倫絲（Florence）的驅策，以及道厄提的精心規畫，還有他隨著年歲漸長，愈發令人傾倒的相貌。有一回在宴會上，他的一位支持者忘情大喊：「天哪，這混球還真像個參議員。」哈定的確如此。哈定傳記作者羅素（Francis Russell）描述哈定剛屆中年時的模樣：「他濃密的眉毛襯托著鐵灰色的頭髮，看起來剛強有力；他寬廣的肩膀與古銅色的肌膚，顯示他身體健壯。」羅素還寫道，哈定簡直可以穿上一襲古羅馬人的罩袍，直接登台演出

莎士比亞的《凱撒大帝》。道厄提安排哈定在一九一六年的共和黨總統候選人提名大會上演講，因為他知道黨代表們只要看到哈定的外貌、聽到他的洪亮雄渾的聲音，就會認定此人應該更上層樓。一九二〇年，道厄提說服哈定改變原本比較明智的想法，要他出面競選美國總統；道厄提不是在開玩笑，他說到做到。

「自從和哈定見面之後，道厄提心中一直縈繞著一個念頭：哈定會成為一位『了不起的總統』，」蘇利文寫道，「有時道厄提的說法會在無意中變成：『一位相貌了不起的總統』，這應該更接近事實。」那年夏天，共和黨全國代表大會登場，在角逐黨總統候選人的六名人士中，哈定敬陪末座，但道厄提毫不在意。兩名呼聲最高的候選人在大會中相持不下，因此道厄提預測，黨代表將被迫另覓適當人選。在情勢如此急迫的關頭，除了哈定這位散發著常識與尊嚴的候選人之外，還有誰能夠獲得大家的青睞？投票當天早上，在芝加哥煙霧繚繞的黑石大飯店（Blackstone Hotel）房間中，共和黨大老們雙手一攤，問道：有沒有哪一位候選人是各方都能夠接受的？這時一個名字立刻浮現眾人心頭：哈定！他怎麼看都像一位總統候選人。那年秋天，經過一場在俄亥俄州馬里昂運籌帷幄的選戰，哈定參議員搖身一變為哈定總統。他的總統大位只坐了兩年，就因中風而猝死任上。大部分歷史學家都認為，哈定是美國歷來最不稱職的總統之一。

快速認知的黑暗面

　　本書走筆至此，我一直在談薄片擷取是如何威力無窮，其關鍵原因在於：我們有能力在頃刻剎那之間看透事物的表象。霍溫與荷莉森以及眾多藝術史專家，一眼看穿偽造雕像工匠的伎倆；蘇珊與比爾乍看之下是一對典型的恩愛夫妻，然而當我們仔細聆聽觀察他們的對話互動，測量正面情緒與負面情緒的比例，真相於是水落石出；安芭蒂的研究顯示，我們如果想掌握一位外科醫師被控告醫療過失的機率，大可不必理會診療室牆上懸掛的證書與手術袍，而應該專注傾聽這位醫師與病患談話的音調。然而，這樣的快速思考連鎖反應會不會亂了步調？要是我們還沒有看透事物表象就遽下斷論，那會有何後果？

　　我在前一章討論過巴孚的實驗，他顯示特定的字眼（例如「佛羅里達州」、「灰色」、「變皺」、「賓果」）會引發我們強烈的聯想：僅只是面對這些字眼，都可能改變我們的行為。我認為人們的相貌外觀——體形、身材、膚色、性別——中的某些特質，也會引發非常類似的一系列聯想。許多人一看到哈定儀表堂堂、玉樹臨風，就會遽下毫無根由的結論，認定他就是勇氣、才智與正直的化身，這些人並沒有深入事物的表象。哈定的相貌蘊含著太多強烈的意涵，反而讓正規的思考程序橫遭封殺。

　　「哈定謬誤」突顯出快速認知的黑暗面，同時也是諸多偏見

與歧視的根源。正因如此，選賢與能才會如此困難，而且儘管我們可能不願意承認，但才德極為平庸的人確實經常佔據高位。我們之所以要重視薄片擷取與第一印象，原因之一在於接受一項事實：我們對人與對事匆匆一瞥所得到的訊息，有時候會超過經年累月的研究。然而**我們也要承認並瞭解，這樣的快速認知有時也會讓我們誤入歧途。**

黑白分明的匆匆一瞥

　　過去幾年來，一群心理學者開始深入探討潛意識的（專業術語叫做內隱的）聯想在人們的信念與行為中扮演何種角色。這些研究有一大部分是借重一種非常巧妙的工具：內隱聯想測驗（Implicit Association Test）。內隱聯想測驗是由格林渥德（G. Greenwald）、巴納基（Mahzarin Banaji）與諾塞克（Brian Nosek）三位學者共同設計，其理論基礎是看似顯而易見、其實非常深刻的一項觀察：兩個觀念如果已在我們心中產生關聯性，那麼將兩者聯結的速度，會比聯想兩個陌生觀念快得多。這是什麼意思？讓我舉例說明。表3.1是一張人名表，請你拿一隻筆勾選每個名字隸屬的性別，或者你也可以用手指點選，反正速度愈快愈好，每個名字都不能漏掉，不必擔心自己會選錯。

表3.1

男性		女性
☑	約翰	☐
☐	鮑伯	☐
☐	艾咪	☐
☐	荷莉	☐
☐	瓊恩	☐
☐	德瑞克	☐
☐	佩姬	☐
☐	傑森	☐
☐	麗莎	☐
☐	麥特	☐
☐	莎拉	☐

　　輕而易舉，對不對？原因在於當我們聽見或讀到「約翰」、「鮑伯」或「荷莉」等名字時，根本不必費心思索它的主人是男是女，我們具有先入為主的強大聯想，看到約翰之類的名字就想到男性，麗莎之類的名字則指向女性。

　　以上只是熱身練習。接下來讓我們做一次道地的內隱聯想測驗，只不過這回要混合兩種不同領域的選項，讓你在左方或右方勾選（見表3.2）

表 3.2

男性或職業		女性或家庭
☐	麗莎	☐
☐	麥特	☐
☐	洗衣	☐
☐	企業家	☐
☐	約翰	☐
☐	商人	☐
☐	鮑伯	☐
☐	資本家	☐
☐	荷莉	☐
☐	瓊恩	☐
☐	家庭	☐
☐	公司	☐
☐	手足	☐
☐	佩姬	☐
☐	傑森	☐
☐	廚房	☐
☐	家事	☐
☐	親職	☐
☐	莎拉	☐
☐	德瑞克	☐

　　各位一定覺得這回有點難度，不過應該還是可以很快完成。現在進入下一關（表3.3）。

表3.3

男性或家庭		女性或職業
☐	嬰兒	☐
☐	莎拉	☐
☐	德瑞克	☐
☐	商人	☐
☐	就業	☐
☐	約翰	☐
☐	鮑伯	☐
☐	荷莉	☐
☐	家中	☐
☐	企業家	☐
☐	辦公室	☐
☐	瓊恩	☐
☐	佩姬	☐
☐	堂表親	☐
☐	祖父母	☐
☐	傑森	☐
☐	家庭	☐
☐	麗莎	☐
☐	公司	☐
☐	麥特	☐

　　你注意到差異所在了嗎？這回測驗比前兩回困難許多，對不對？大部分人很容易將「企業家」歸屬於「男性」和「職業」，

但是要放入「女性」和「職業」就得多費點心思。這是因為一般人對男性特質與職業觀念的心理聯想，遠遠強過女性特質與職業觀念。「男性」與「資本家」在我們心中如影隨形，就像「約翰」與「男性」一樣順理成章。然而當選項設成「男性或家庭」時，我們對「商人」這類字眼的歸屬就得斟酌一番，儘管延屬時間可能只有幾百毫秒。

　　心理學者進行內隱聯想測驗時，他們通常不會使用我剛剛示範的紙筆測驗，而多半是以電腦來進行。螢幕上一次只出現一個字幕，如果你認為這個字屬於左欄就按「E」鍵，右欄就按「I」鍵。電腦施測的好處是，受測者的反應時間可以精確到以毫秒為單位，而且測量結果可用以評斷受測者的表現。例如，你完成第二回職業／家庭測驗的時間，若是只比第一回測驗長一點，那麼我們會認為你對男性與職業之間有中度的聯想。如果第二回測驗所需時間比第一回長很多，你的聯想就已達到強烈的程度。

　　內隱聯想測驗近年來成為大受歡迎的研究工具，原因之一是它測量的效應並非微細難知，做過第二回職業／家庭測驗而且速度放慢很多的人都知道，內隱聯想測驗的結果會有如當頭棒喝。「如果受測者有強烈的先入為主聯想，勾選一個問題約需四百到六百毫秒，」格林渥德說，「若是沒有，勾選時間也會延長兩百到三百毫秒，就效應而言，可說是非常顯著。我有一位研究認知心理學的同僚說，明顯到連用日晷都可以測量出來。」

如果你對電腦化的內隱聯想測驗有興趣，不妨上網到「www.
implicit.harvrd.edu」看看，網站上有幾種測驗，包括最著名的種族
內隱聯想測驗（Race IAT）。我自己做過許多次種族內隱聯想測
驗，但結果總令我忐忑不安。在測驗的開頭，你要先回答你對黑
人與白人的觀感。我的回答應該和大多數人一樣，自認為能夠平
等看待各個種族。接下來測驗正式開始，你要盡快完成。首先是
暖身測驗，一連串臉孔的照片在螢幕上依序出現，看到黑人臉孔
就按「E」鍵，置入左欄；看到白人臉孔就按「I」鍵，置入右欄。
這些都是匆匆一瞥就可以完成，我根本不假思索，第一部分測驗
於是開始（表3.4）。

測驗中就是諸如此類的題。我立刻產生一種奇怪的感覺，要
將字彙與照片歸入右欄突然間困難起來，我發現自己的速度越來
越慢，我必須思索，勾選的欄位有時會違背我的本意。我非常努
力做這項測驗，但內心深處卻有一股羞愧感油然而生。為什麼當
我要將「榮耀」或「美好」歸於「非洲裔美國人或好人」，或者
將「邪惡」歸於「歐洲裔美國人或壞人」時，會覺得左右為難，
好生躊躇。接著第二部分實驗，這回兩個欄位的選項對調（表
3.5）。

表3.4

歐洲裔美國人或壞人		非洲裔美國人或好人
☐	傷害	☐
☐	邪惡	☐
☐	榮耀	☐

☐		☐

☐	美好	☐

表3.5

歐洲裔美國人或好人		非洲裔美國人或壞人
☐	傷害	☐
☐	邪惡	☐
☐	榮耀	☐

☐		☐

☐	美好	☐

結果我的羞愧感越來越嚴重，因為這一回我勾選答案時輕而易舉：

邪惡：非洲裔美國人或壞人
傷害：非洲裔美國人或壞人
美好：歐洲裔美國人或好人

　　這項測驗我又做了第二次、第三次、第四次，希望那種令人難堪的偏見感受會消失無蹤，然而結果還是一樣。後來我才知道，接受種族內隱聯想測驗的受測者，超過八〇％會有偏袒白種人的聯想，他們將正面字眼與「黑人」配對所需的時間，要比將負面字眼與「黑人」配對來得長。因此我的表現還不算太糟，測驗結果顯示我「對白種人有中等程度的偏袒」；不過還是挺尷尬的，因為我有一半黑人血統（我母親是牙買加裔）。

　　這樣的測驗有什麼意義？難道它證明了我是個種族主義者、一個憎恨自身背景的黑人？未必如此。它的意義在於揭示我們對於種族或性別之類事物的心態，其實是在兩個層面上運作。第一個層面是自覺意識的心態。我們相信自己具備這樣的心態，也是我們陳述出來的價值觀，用以指導我們的行為。過去南非政府的種族隔離政策與美國南方阻撓黑人投票的法律，都是種族歧視意識的露骨展現；當我們談到種族歧視與民權運動抗爭，指的多半

就是這種歧視。不過內隱聯想測驗衡量的不是這種層面,而是第二個層面——潛意識層面的種族心態,那種在我們還來不及思考之前就立刻浮現、自動自發的聯想。潛意識層面的心態不是刻意選擇得來,如同我在第一章所論,我們甚至可能根本無法察覺這個層面的存在。我們潛意識中那部巨大的電腦,會默默吸收咀嚼各式各樣的資料,包括我們經歷的事件、遇見的人物、學習的心得、閱讀的書籍、觀看的電影等等,然後形成一種觀點,內隱聯想測驗要揭露的正是這樣的觀點。

內隱聯想測驗之所以令人不安,原因在於它揭露的潛意識心態,可能完全悖離我們自覺陳述的價值觀。舉例而言,五萬多名曾經接受種族內隱聯想測驗的非洲裔美國人,其中約有一半像我一樣,對白人的正面聯想要強過對黑人。其實我們是身不由己,生活在北美洲,周遭充斥著將白人與正面事物聯繫的文化訊息。哈佛大學心理學教授巴納基是研究內隱聯想測驗的權威之一,他說:「你並非主動選擇對優勢族群作正面聯想,而是被迫如此。看看你身邊,優勢族群總是與美好的事物配對。你翻閱報紙、打開電視,完全無法避開。」

內隱聯想測驗並不只是一種抽象的心態測量,它也能夠相當準確預測我們在某些特定情境之下,自然而然做出的反應。舉例來說,有明確證據顯示,如果你的聯想模式強烈偏袒白人,這種心態會影響你在黑人面前的行為表現,但是並不影響你有意識

選澤的話語、感覺與行動，其實你很可能渾然不覺自己面對白人與黑人的行為有何差異。但是有可能你在黑人面前時，你的上身不會那麼前傾、你會略微轉向側邊、身體比較緊繃、表情變得僵硬、眼光接觸減少、站得稍遠一點、笑容褪色許多、言辭開始閃爍、對笑話的反應也冷淡一點。這些差異重要嗎？當然重要。假設這是一場求職面談，再假設應徵者是黑人，他將會察覺你的遲疑與推拒，連帶導致他的自信心與親和力微幅降低。這麼一來，你會如何看待他？你可能直覺認定這位應徵者不符合職位要求，或者覺得他的態度有點冷漠孤傲，或者判定他並不是真心想要這份工作。換言之，潛意識的第一印象會讓這場求職面談徹底走調。

　　考慮另一種狀況，如果你面談的對象高大挺拔，那會如何？我確信大家在意識層面一定認為，我們對高個子與矮個子向來一視同仁。然而有諸多事證顯示，身高——尤其對男性而言——的確會引發一系列相當正面的潛意識聯想。我曾經調查半數名列《財星》（*Fortune*）雜誌五百大企業名單上的公司，詢問他們執行長的相關資料。結果非常明顯，這些美國頂尖企業的領導人絕大多數都是白種人，我想這現象不會令人驚訝，而且也確實反映出某種潛藏的偏見。不過，這些領導人幾乎清一色都是高個子！在我的抽樣調查中，男性執行長的平均身高逼近六呎（約一八三公分），比起美國男性的平均身高五呎九吋（約一七五公分）足足高出三吋。不過這些統計數據還不足以顯示真正的差異。在美國男性人口中，身高超過六呎者只佔一四·五％，但是在《財星》

五百大企業執行長之中，這個比例高達五八％。更值得注意的
是，美國男性人口身高超過六呎二吋的比例是三‧九％，《財星》
五百大企業執行長的比例則是將近三分之一。

　　企業領導階層罕見女性或少數族裔的現象，至少還找得到
合理解釋。多年來，由於一些與歧視和文化模式相關的因素，能
在美國企業晉升管理階層的女性與少數族裔始終不多，導致現今
的公司董事會要為高層職缺尋找具備適當經歷的人選時，他們可
以振振有辭地聲稱，女性與少數族裔的高階主管本來就不多。
然而這個道理對身高矮的人卻講不通，一家大型企業有可能清一
色聘僱男性白種人，但絕不可能完全拒用矮個子員工，因為職場
根本就沒有那麼多高個子。然而能夠成為企業領袖的矮個子畢竟
不多，美國有數千萬男性身高低於五呎六吋，但是在我的抽樣調
查中，只有一位執行長的身高是落在這個水平，顯示對於一個想
在企業界力爭上游的人而言，身高偏矮和身為女性或非洲裔美國
人一樣，都是不利因素。（美國運通公司執行長錢諾特〔Kenneth
Chenault〕是一大例外，他的身高只有五呎九吋，而且是黑人。錢
諾特一口氣突破兩項「哈定謬誤」，顯然本領高強。）

　　身高問題是一種刻意為之的歧視嗎？當然不是，沒有人會輕
蔑地嫌棄一位執行長候選人身高太矮。這問題顯然就是內隱聯想
測驗要揭露的潛意識偏見。大多數人並沒有清楚意識到，我們會
自動將領導能力與體格優勢聯繫起來。**我們對領導者的相貌外表**

有先入為主的期待，這種刻板印象根深柢固，以至於當某位符合印象的人士出現，我們就會忽略其他的考慮要件。這種現象還不僅限於企業高層主管的遴選。不久之前，一群研究人員分析了四項大型研究的資料成果，對象涵蓋數千人，時間則是從出生到成年，結果他們發現：在考慮年齡、性別與體重等變數之後，身高每多一吋，年薪也會增加七百八十九美元。這意謂著如果有兩個人其他條件大致相同，但身高分別為六呎與五呎五吋，那麼前者會比後者一年多賺五千五百二十五美元。賈舉（Timothy Judge）是這項「身高—薪水研究」的負責人之一，他指出，「如果以三十年的職業生涯來計算，高個子一輩子會比矮個子多賺數十萬美元。」你是否曾經質疑，為何有那麼多庸才能夠在公司機構中位居要津？那是因為在遴選人才的時候，就算是要選最高層的職位，我們自以為理性的決定其實並沒有那麼理性，往往一看到高個子就心嚮往之。

先入為主是死亡之吻

　　日產汽車新澤西州弗雷明頓（Flemington）分公司的銷售主管高隆姆（Bob Golomb）是一位五十來歲的中年男性，一頭日漸稀疏的黑髮，戴著金屬絲框眼鏡，他穿著顏色深暗、樣式保守的西裝，看起來像個銀行經理或股票經紀人。高隆姆從十多年前踏入汽車業以來，每個月平均可以成交約二十輛車，是一般營業員的

兩倍以上。高隆姆的桌上放著一排公司頒贈的五顆金星，代表他的卓越成就。在汽車銷售這一行，高隆姆是大師級的人物。

　　要成為像高隆姆這麼成功的銷售員，「薄片擷取」的能力極其重要。當一個素昧平生的人走進你的營業據點，可能即將做出他這輩子最大手筆的購買行動；有些人侷促不安，有些人緊張焦慮，有些人胸有成竹，有些人不知所從；有些人很懂車子，受不了銷售員一副萬事通的樣子；有些人亟需他人的引導，才能搞懂複雜繁瑣的購車過程。一位銷售員如果想成功，就得蒐集所有與顧客相關的資訊（例如瞭解夫妻或父女之間的互動模式），整理消化，並據之以調整自身的行為，而且這些工作得在與顧客初次見面的頃刻間完成。

　　高隆姆做這種「薄片擷取」顯然遊刃有餘，他在汽車銷售業的地位相當於荷莉森在古希臘藝術界。高隆姆具有一種沉靜機警的智慧，以及殷勤有禮的魅力，他思慮周到，體貼入微，非常善於聆聽。高隆姆說他有三個簡單的原則，適用於自己的一言一行：「照顧客戶、照顧客戶、照顧客戶」。如果你向高隆姆買一輛車，交車第二天他會打電話給你，確定各項事宜都沒有問題。如果你到過他的店但沒有買車，第二天他也會打電話給你，感謝您大駕光臨。「永遠要擺出你最美好的臉孔，就算你今天諸事不順，也要把煩惱拋諸腦後，」高隆姆說，「就算你家裡出了大事，你還是要盡全力照顧客人。」

　　我和高隆姆見面時，他拿出一本厚實的三環活頁夾，裡面是多年來滿意而歸的顧客寄給他的信函，堆積如山。高隆姆說：「每一封信的背後都有一個故事。」而且他似乎記得每一則故事。他翻檢這本活頁夾，隨手指出一封打字短箋：「一九九二年十一月底，一個週末下午，一對滿面倦容的夫妻走進店裡。我對他們說：『兩位是不是看車看了一整天？』他們回答說是的，但是沒有一家公司認真對待他們。最後我賣了一部車給他們，但必須從羅德島調車過來，於是我們派一位駕駛開了四百哩路來，這對夫妻高興極了。」高隆姆指著另一封信：「從一九九三年到現在，這位先生跟我們買了六部車，每一次他都會寫信給我，像這樣的例子很多。還有一位先生住在新澤西州的基波特（Keyport），離我們四十哩遠，他後來送了我一大盤扇貝。」

　　但是，高隆姆成功的原因不僅如此，他說他還有另外一個非常簡單的原則：雖然他能夠在一瞬間對顧客的需求與心態做出無數判斷，但是他盡全力避免以對方的外表為判斷基礎。在高隆姆看來，每一位走進大門的顧客，向他買車的可能性完全一樣。

　　「在賣車這一行，你不能對顧客懷有成見，」高隆姆在和我會面時一再強調，他的表情流露出堅定的信念。「先入為主是死亡之吻，你必須對每一位客戶使出渾身解數。一個菜鳥銷售員看到某個顧客時會說：『這傢伙看起來根本買不起車。』這種反應犯了兵家大忌，因為有時候看似最沒指望的客人，反而會成為你的

大主顧。」高隆姆說，「我有一位老客戶是農民，他跟我買過各式各樣的車，每次都是握手成交，成交後他會交給我一張百元鈔票，並說：『把車開到我的農莊。』連訂單都不必寫。然而如果你現在看到他，他穿著不起眼的連身工作服，身上還沾有牛糞，你一定不認為他多有錢。事實上，就如同我們這一行講的，這位顧客渾身都是錢。另一種情況是，有位青少年上門看車，但銷售員只是草草打發；結果當天稍晚，這個少年帶著爸媽再來看車，而且選購了一輛，只不過敲定買賣的是另一位銷售員。」

　　高隆姆強調的是，大部分銷售員都很容易犯下典型的「哈定謬誤」。他們看到顧客上門，對這個人相貌英俊的第一印象卻泛濫成災，完全淹沒他們在見面當時獲取的其他資訊。相較之下，高隆姆就懂得精挑細選，他伸出觸角，探測對方是信心滿滿還是惴惴不安、很懂車子還是一無所知、信賴別人還是生性狐疑，而且在這一連串飛快的薄片擷取過程中，他刻意刪除完全只由相貌外表造成的印象。高隆姆成功的秘訣就在於：他能夠主動出擊，克服「哈定謬誤」。

鎖定冤大頭的影響

　　為什麼高隆姆的做法收效如此宏大？那是因為在汽車銷售這個行業，「哈定謬誤」扮演著極為重要卻不為人知的角色。一個

實例是：一九九〇年代，芝加哥一位法學教授艾瑞斯（Ian Ayres）做過一場成果斐然的社會實驗，他找來三十八位參加者，包括十八位白人男性、七位白人女性、八位黑人女性、五位黑人男性。艾瑞斯盡可能讓他們看起來大同小異，年紀都是二十來歲，容貌魅力都屬於中等，都穿著樣式保守的休閒裝；女性穿罩衫、長裙與平底鞋，男性則是運動衫或老式襯衫、寬鬆長褲與平底便鞋。同時他們也準備好同樣一套說辭，逐一前往芝加哥地區的兩百四十二家汽車經銷商，表明身分是受過大學教育的年輕專業人士（典型職業：任職銀行的系統分析師），居住在芝加哥的史崔特維爾（Streeterville）高級社區。對於他們接下來的行為，艾瑞斯的指示更為明確：他們要走進店裡，等汽車銷售員上前招呼，然後指著展示間最便宜的車款說：「我想買這部車。」接著銷售員開價，雙方討價還價，直到銷售員接受客人的價碼或者再也不肯退讓，整個過程大約要耗去四十分鐘。艾瑞斯的實驗針對一個非常明確的問題來探討：如果其他條件都一樣，膚色與性別對汽車銷售員的開價會有何影響？

　　結果令人驚訝不已，比較汽車銷售員第一次開價與經銷商發票價（從製造商買進的價格）的差距，白人男性顧客平均高出七百二十五美元，白人女性九百三十五美元，黑人女性一千一百九十五美元，黑人男性呢？一千六百八十七美元。就算花了四十分鐘討價還價，黑人男性得到的開價還是高出發票價一千五百五十一美元。換言之，白人男性還沒開始還價，就可以

比費盡唇舌的黑人男性少開銷八百美元。

　　我們應該如何解釋這種現象？難道芝加哥的汽車銷售員都是無藥可救的性別歧視者與種族歧視者？這樣的解釋顯然太過極端。在汽車銷售業，如果你能說服顧客付出展示間價示牌的價碼，外帶選購皮椅、音響、鋁輪圈全套配備，這樣一個肥羊顧客讓你賺到的佣金，可以抵上六個精打細算的顧客。換句話說。如果你是銷售員，你會有強烈的傾向要「鎖定冤大頭」。對於這類照著標示牌付錢的顧客，銷售員甚至取了一個專用稱號：「待宰羔羊」（lay-down）。因此艾瑞斯的實驗結果還有一種詮釋：汽車銷售員普遍認定女性與黑人都是待宰羔羊，只要是非白人或非男性的顧客上門，他們就會暗自稱快：「啊哈！這人又笨又天真，我可以海削他一筆。」

　　然而這種解釋沒有什麼道理。艾瑞斯派出去的黑人與女性顧客，都充分顯示他們既不笨也不天真：他們是大學畢業的專業人士，有高尚的工作，住在高級社區，怎麼看都像成功人士，而且精明得足以討價還價四十分鐘，這樣的人還能叫冤大頭嗎？如果艾瑞斯的研究顯示了有意識的歧視，那麼芝加哥的汽車銷售員要不是全界最糟糕的偏見狂（似乎不太可能），就是太過遲鈍，對顧客的諸多特質視而不見（同樣不太可能）。相反地，我認為這其中有更微妙的來龍去脈：這些銷售員是否有一種起源於自身經驗、汽車銷售業的傳說或其他銷售員說法的強烈自動聯想，將

女性與少數族裔等同於待宰羔羊？他們是不是在潛意識中將兩個觀念聯繫起來，一如數以百萬計的美國人接受種族內隱聯想測驗時，將「邪惡」、「犯罪」與「非洲裔美國人」相連結；因此當女性或黑人顧客一走進店裡，這些銷售員就會直覺想到「冤大頭」？

　　儘管這些銷售員在意識層面上可能對種族與性別的平等念茲在茲，並堅稱他們開價是基於對顧客的性格的細膩解讀；然而他們在每一位顧客走進大門時當下所做的決定，卻是另一回事，那是一種潛意識的反應，不動聲色地擷取每位顧客最直接、最明顯的特質——性別與膚色，據此做出判斷並貫徹始終，無論後來出現多少與之衝突的新證據，一概視而不見。一九一〇年美國總統大選的選民正是如此，一見到哈定的模樣就做出結論，從此停止思考。當年那些選民選出美國有史以來最差勁的總統；至於芝加哥的汽車銷售員，他們對女性與黑人顧客開出離譜價碼，只會讓本來可望買車顧客拂袖而去。

　　高隆姆盡可能對每一位顧客一視同仁，因為他非常清楚那種基於種族、性別和外表而做出的瞬間判斷有多危險。有時候，一位外表乏善可陳、衣服骯髒邋遢的農夫，可能是坐擁四千畝地的大財主；一位青少年可能會拉著爸媽回來訂車；一位年輕黑人可能是哈佛大學企管碩士；一位嬌小的金髮女郎可能決定一家人開什麼車；但一位相貌堂堂、肩膀寬厚、望之儼然的仁兄，可能只是個無足輕重的小人物。因此高隆姆從來不鎖定待宰羔羊，他對

每一位顧客的開價都一樣,雖然一部車賺得不多,但是他以量取
勝,薄利多銷,而且很快就有口皆碑,他的生意有三分之一是由
滿意的顧客介紹而來。「我能不能一看到某個人就斷定『這個人
會買車』?」高隆姆表示,「你最好先具備通天本領再來做這種
事,因為我做不到。有時候顧客會讓我驚訝莫名,有些人走進店
裡,揮舞著支票簿大剌剌地說:『我今天要買車,只要價錢滿意,
我今天就買。』你知道嗎?這樣的顧客十之八九是空手離開。」

主動掌控第一印象

　　我們應該如何對治「哈定謬誤」?這種偏見並不是那麼明顯,
尋求解決之道並不容易。如果有法律規定,黑人不能使用白人專
屬的飲水機,那麼解決之道就是修改法律。但是潛意識歧視比較
麻煩,一九二〇年的選民並不覺得自己被哈定的英挺外貌愚弄,
就如同艾瑞斯調查的汽車銷售員並不知道自己會欺負女性與少數
族裔顧客,許多大企業董事會成員並不認為自己遴選主管時偏愛
高個子人選。如果這些狀況都是發生在自覺意識的領域之外,你
又如何能對症下藥?

　　其實我們並不至於任憑自己的第一印象擺布。這些印象可能
是從潛意識層面湧現,來自腦中那扇深鎖房門的後頭,然而自覺
意識之外的事物未必就無法掌控。舉例來說,當你做種族內隱聯

想測驗與職業內隱聯想測驗（Career IAT）時，無論你做了多少回、如何針對困難的選項加快答題速度，結果還是不會改變。但是信不信由你，如果在你做這些測驗之前，我讓你看看一系列諸如金恩博士（Martin Luther King）、曼德拉（Nelson Mandela）、鮑爾（Colin Powell）之類人物的照片或文章，你答題所需的時間就會隨之改變。突然間，將正面事物與黑人產生聯想不再那麼困難。「我有一個學生每天都做內隱聯想測驗，」心理學者巴納基說：「他想到就做，好讓資料不斷累積。然後有一天，他對黑人產生了正面聯想，他說：『這很奇怪，從來沒有發生過。』因為我們先前一直想改變自己的內隱聯想測驗結果，但是徒勞無功。後來才發現，這個學生喜歡田徑運動，那天他看了一整個早上的奧運比賽。」

我們的第一印象是萌生自經驗與環境，因此，改變構成這些印象的經驗，我們的第一印象與薄片擷取方式也都會跟著變化。如果你是白種人，期待自己在每一方面都能夠平等對待黑人，對黑人的聯想和對白人一樣正面，那麼你不能只是在理念上保持平等，你還必須改變生活方式，讓自己經常接觸少數族裔，與他們自在相處，瞭解他們文化的精華。這樣一來，當有一天你要會見、僱用一位少數族裔，或是與他們約會、交談時，你才不會在無意間流露出猶豫遲疑與侷促不安。我們確實應該嚴肅看待自己的快速認知能力，體會第一印象在生活中能載舟、亦能覆舟的驚人力量；但這麼做的前提是我們要主動出擊，設法運用和掌控這

些第一印象。本書接下來將講述三個案例，呈現人們如何面對自身的第一印象與瞬間判斷，儘管結果有成功也有失敗，然而在我看來，這些案例都蘊含重要的心得教訓，告訴我們如何才能夠更加瞭解並接納薄片擷取的強大力量。

本章參考資訊

＊美國第二十九任總統哈定：www.whitehouse.gov/history/presidents/
wh29.html

＊內隱聯想測驗：implicit.harvard.edu/implicit/

＊艾瑞斯的汽車銷售員與性別種族歧視實驗：www.law.yale.edu/
outside/html/favulty/iayers/profile.htm

chapter 04

第四章

凡瑞普將軍的大捷
創造隨機應變的組織結構

分析式的決策與直覺式的決策兩者並沒有絕對優劣可言，
真正會壞事的做法，
是在不恰當的情況中運用這兩種決策。

凡瑞普（Paul Van Riper）高大瘦削，童山濯濯的頭頂閃閃發亮，戴著一副絲框眼鏡。他走起路來抬頭挺胸，聲音沙啞威嚴，朋友都叫他瑞普。他和他的雙胞胎兄弟十二歲時，有一回坐在爸爸的車上，爸爸讀著關於韓戰的報紙新聞，對兩個兒子說：「孩子們，戰爭快結束了，杜魯門總統已經派出陸戰隊。」從此凡瑞普立定志向，長大後要加入美國陸戰隊。凡瑞普第一次投身越戰時，在西貢附近出任務，攻打一座位於稻田中的越共機槍陣地，結果差一點被砲火攔腰削斷。一九六八年，凡瑞普重返散布著水田與丘陵的越南戰場，這回他是陸戰隊的連長，駐紮在陸戰隊員所稱的「道奇城」與「亞利桑那領地」兩個危險地區之間。凡瑞普的任務是遏阻越共對峴港發射火箭彈，他抵達駐地之前，越共每週會發動一次甚至兩次攻擊，但是從他接手之後的三個月，越共只蠢動了一次。

「我還記得第一次和他見面的情景，彷彿是昨天才發生的，」在十三連凡瑞普麾下的士官格瑞哥里（Richard Gregory）說，「我們峴港的東南方，一邊是五十五號高地，另一邊是十號高地。我們握手寒暄，他的嗓音簡短有力而略顯低沈，開門見山，言簡意賅，信心滿滿，沒有什麼場面話。他就是這樣一個人，在整場戰爭中都沒有改變。他有一間辦公室，但是我從來沒看他用過。他總是在戰場上或碉堡附近籌畫下一步動作，如果想到什麼，就從口袋拿出一張紙片寫下來，等到開會的時候，他會掏出七、八張紙片。有一回我和他在叢林裡，距離一條河只有幾碼；他想偵察

某些區域，但視野被樹叢擋住，這時他二話不說，脫下靴子，跳進河裡，游到中間，好好看一看下游的狀況。」

　　一九六八年十一月的第一週，十三連與越共的一個團發生激戰，眾寡懸殊，「有一次我們要後撤傷患，召來的直昇機也降落了，結果卻被越共的火箭彈擊中，機上人員全部陣亡，」當時任十三連排長的梅森（John Mason）說：「一下子死了十二個陸戰隊員，情況惡劣。三、四天後我們才殺出一條血路，傷亡大約四十五名弟兄，總算不辱使命。我們回到五十五號高地，信不信由你，第二天我們就繼續進行班的戰術、偵察與體能訓練。我原本是個年輕少尉，從沒想到會在叢林中進行體能訓練，但是我們做到了；從沒想到會在叢林中進行班與排的戰術或肉搏訓練，但是我們做到了，而且成了例行性訓練。經歷一場戰鬥之後，我們會稍事休息，然後繼續操練。凡瑞普就是這樣帶他連上的弟兄。」

　　凡瑞普要求嚴格，公正不阿。他在戰爭中學習，非常清楚他的部屬在作戰時該如何行動。另一位十三連的弟兄回憶道：「他是戰鬥高手，絕不會枯坐在辦公桌前，寧可帶著部隊衝鋒陷陣。他向來咄咄逼人，但你就是願意為他賣命。有一回我帶了一個班進行夜間伏擊，隊長透過無線電告訴我，有一百二十一個小越共正朝我的陣地前進，命令我一定要擋住他們。我說：『隊長，我手下只有九個人。』他回答說他會派一支增援部隊來，前提是如果我有需要的話。這就是他的作風，大敵當前，我方與敵方兵力是九

比一二一，但是他堅定指示我們迎戰。只要是在隊長掌控的戰場
上，他的戰術總是讓敵軍吃盡苦頭，對方絕對沒有喘息機會。」

　　二○○○年的春天，幾名五角大廈高級官員拜訪凡瑞普，功
勳彪炳的他這時已經退役。五角大廈當時剛開始籌畫一場兵棋演
習，名為「二○○二千禧年挑戰」，是有史以來規模最大、耗資
最鉅的一場兵棋演習。到二○○二年七月到八月初付諸實行時，
這場演習已經花掉兩億五千萬美元，比許多國家一整年的軍事預
算還高。這場兵棋演習的假想狀況是：波斯灣地區某個國家有一
名作惡多端的軍事強人與本國政府決裂，威脅要在整個地區掀起
戰火；他的權力基礎相當穩固，有一群基於宗教信仰與種族背景
的支持者；他包庇資助四個恐怖組織；他極度憎恨美國。在「二
○○二千禧年挑戰」中，凡瑞普應邀擔任扮演這名反美軍事強
人，這項安排後來證明是匠心獨具（或者換個觀點來看，有人悔
不當初）。

波斯灣的一個早晨

　　負責美國軍方兵棋演習的單位是聯合部隊司令部（Joint Forces
Command），軍中通稱為「JFCOM」。聯合部隊司令部位於維吉
尼亞州的蘇佛克（Suffolk），距離華盛頓東南方只有幾個小時的
車程，兩幢外觀平凡無奇的低矮建築矗立在街道的盡頭。停車場

入口前方有一個小小的警衛室，但是從街道上看不見。兩幢建築的周邊環繞著鐵鏈圍籬，街道對面是一家沃爾瑪購物商場。走進聯合部隊司令部，你會覺得和尋常的辦公大樓沒有兩樣，有會議室、成排的小隔間、燈光明亮但不鋪地毯的走道。然而聯合部隊司令部的性質絕不尋常，五角大廈在這裡測試軍事組織的新理念，演練新出爐的軍事戰略。

二〇〇〇年夏天，兵棋演習的籌備工作進入緊鑼密鼓的階段，聯合部隊司令部召集了數百位軍事分析師、不同領域專家與軟體工程師。在兵棋演習術語中，美國與其盟邦的代號向來是「藍軍」，敵方則是「紅軍」，聯合部隊司令部分別為兩軍做了鉅細靡遺的設定，內容涵蓋所有他們應該瞭解的己方和敵方的戰力。在兵棋演習正式開始之前幾週，紅軍與藍軍先行參與一系列的「急劇高升」演習，為後來的攤牌對決鋪陳環境。那名波斯灣軍事強人磨刀霍霍，美國則憂心忡忡。

七月底，紅藍兩方人馬來到蘇佛克，進駐聯合部隊司令部的一樓，在名為「試驗間」的地方開始幹活，這地方空間大而且沒有窗戶。全美多個軍事基地的陸戰隊、空軍、陸軍與海軍單位都保持待命，聽候紅軍或藍軍將領的命令行事。演習中當藍軍要發射一枚飛彈或出動一架戰機，有時會真的發射、出動，有時則是運用四十二套電腦模式，精確模擬各種軍事作為，其逼真程度經常連戰情室的官員都難以判定是實戰還是模擬。演習持續兩個

半星期，為了便於日後分析，聯合部隊司令部派遣一組專家監看並將兩軍幹部的所有談話錄音，還有一部電腦記錄每一顆發射的子彈、每一枚升空的飛彈、每一輛出動的坦克。這已經不只是實驗，因為不到一年，美國果然大軍進攻某個中東國家，目標鎖定一名桀驁不馴的軍事強人，他擁有穩固的種族權力基礎，外界認定他包庇恐怖份子。二〇〇二年這場兵棋演習，簡直就是二〇〇三年美伊戰爭的全套彩排。

　　美國國防部為「千禧年挑戰」訂下的目標，是要測試一系列關於作戰方式的新穎前衛理念。一九九一年的「沙漠風暴行動」之中，美國雖然在科威特擊潰了海珊的部隊，但那場戰爭是徹頭徹尾的傳統形態：兩支組織龐大的重裝備部隊在開闊的戰場上捉對廝殺。「沙漠風暴」之後，五角大廈認為那種戰爭形態很快就會成為明日黃花：純粹就軍事作戰的觀點來看，日後沒有人會愚蠢到要與美國正面對壘。未來的衝突將是擴散性的，發生在城市中和戰場上的機率一樣高，既是武器之戰也是理念之戰，文化、經濟與軍隊的力量等量齊觀。一位聯合部隊司令部的分析家說得好：「下一場戰爭將不再只是軍隊抗擊軍隊。決定勝負的因素不是你能擊毀幾部坦克車、擊沉幾艘戰艦、擊落幾架戰機，而是你如何拆解敵方的系統。我們不能再一味追求『進行』戰爭的能力，而是要轉而強化『發動』戰爭的能力。軍隊必須與經濟系統、文化系統、人際關係緊密結合，我們必須瞭解所有系統之間的連

結。」

　　回到「千禧年挑戰」，藍軍坐擁的資訊和資源可能超過歷史上任何一支軍隊。聯合部隊司令部設計出所謂的「作戰淨評估」（Operational Net Assessment），這是一種正規的決策工具，依照軍事、經濟、社會與政治等幾個系統來解析敵方，然後做出一組矩陣方程式，顯示這些系統相互關聯的方式，以及系統之中哪一個環節最為脆弱。藍軍的指揮官們還拿到一套名為「效基作戰」（Effect-Based Operations）的工具，引導他們的思維超越傳統的鎖定並摧毀敵軍戰力的作戰方式。他們還拿到一份資料詳盡、隨時更新的地圖「共同相關作戰場景」（Common Relevant Operational Picture，CROP），以及一種擬訂聯合作戰、相互支援計畫的工具。藍軍擁有的資訊與情報來自美國政府各單位，數量之多史無前例，而且遵循一套條理分明、自成體系、合乎理性、一絲不苟的方法。簡而言之，五角大廈提供了藍軍各種可能的武器。

　　「我們檢視各種能夠影響敵人環境的方法，例如政治、軍事、經濟、社會、文化、體制。我們對每一個項目都進行全面觀照，」聯合部隊司令部指揮官柯南（William F. Kernan）將軍在五角大廈的一場記者會上表示，當時「千禧年挑戰」兵棋演習已經落幕，「我們現在能夠干擾敵方的戰力，破壞敵方通訊、增援、鼓勵民心的能力……攻擊敵方的電力供輸網。」兩個世紀之前，拿破崙曾如此寫道：「一位將領永遠無法完全瞭解某件事情，無法

徹底看清敵人的面目，無法絕對確定自己所站的位置。」過去的戰爭總是籠罩於迷霧之中，而「千禧年挑戰」的宗旨就是要顯示：在功能強大的人造衛星、感測器與超級電腦的全力支援之下，這層戰爭迷霧可以一掃而空。

　　這也是為什麼以凡瑞普來領導敵方的紅軍，是軍方別出心裁的選擇。因為凡瑞普的作風與思維，正好與軍方背道而馳，他不相信我們能夠驅散戰爭的迷霧。在他維吉尼亞州自宅二樓的書房中，複雜理論與軍事策略的著作汗牛充棟。依據他自身的越戰經驗，以及他對德國兵學大師克勞塞維茨（Carl von Clausewitz）的研讀，凡瑞普深信戰爭在本質上就是難以預測、混亂模糊、迂迴發展。一九八〇年代，凡瑞普曾參與多次訓練演習，在軍方信念的主導下，他經常要負責分析性、系統性的決策工作，那也正是聯合部隊司令部「千禧年挑戰」的測試主軸。但是凡瑞普非常討厭這種決策，因為耗費的時間太長了，他說：「我還記得有一回，演習正打得如火如荼，師長突然說：『暫停，我們先確定敵軍的位置。』我們為此忙了八、九個小時，結果敵軍從後面追了上來，我們先前的計畫都得改變。」這並不是說凡瑞普排斥所有的理性分析，他只是認為理性分析在槍林彈雨中派不上用場，因為戰局瞬息萬變、時間壓力緊迫，軍人不可能仔細而冷靜地比較每一項行動方案。

　　一九九〇年代早期，凡瑞普擔任維吉尼亞州寬提科

（Quantico）陸戰隊大學的校長，在那裡結識了管理專家克萊恩（Cary Klein）。克萊恩在俄亥俄州經營一家顧問公司，寫過一本書《力量之源》（*Sources of Power*），這本書是討論決策過程的經典之作。克萊恩研究那些在沉重壓力之下進行決策的護士、加護病房人員、消防員等專業人士，結論之一就是：**專業人士在做決定時，並不會井然有序、步步為營地考量所有可行方案；人們雖然被教導要以這種方式來做決定，但是在真實生活中，這種方式緩不濟急**。克萊恩書中的護士與消防員會快速掌握狀況，立刻採取行動，他們仰賴的是經驗、直覺與一種概略的心智模擬。在凡瑞普看來，這才是戰場中做決定的方式。

有一次因為出於好奇，凡瑞普、克萊恩偕同大約十二位陸戰隊將領前往紐約商品交易所（NYMEX）的營業大廳參觀。當時凡瑞普心想：除了作戰中的指揮部之外，我還沒看過這麼混亂的場面，我們一定可以從其中學到一些東西。當天收盤鈴聲響起之後，這些將軍也下場玩起期貨交易。後來他們找了一群紐約華爾街的交易員來到總督島（Governor's Island）的一座軍事基地，操作電腦上的兵棋演習，結果這些交易員表現搶眼。兵棋演習要求參與者在壓力強大、資訊有限的狀況下，快速而斷然地做出決定，這對華爾街交易員而言有如家常便飯。凡瑞普帶這交易員回到寬提科的陸戰隊大學，讓他們坐進坦克、參加實彈演習。凡瑞普越來越相信，這些「體格臃腫、儀容不整、披頭散髮」的傢伙，其實和陸戰隊將領吃的是同一行飯，唯一的差別只在於前者以資

金為籌碼，後者以人命為賭注。克萊恩說：「我還記得這些交易員第一次和將軍們碰面是在一場雞尾酒會，當時景象令我張口結舌。一邊是兩三顆星的陸戰隊將領，大家都知道陸戰隊將領是什麼樣子，他們有的人根本沒去過紐約；另一邊則是這些交易員，一群毛毛躁躁，二、三十歲的紐約年輕人。但是他們很快就三兩成群，打成一片，而且不是在那邊禮貌寒暄，而是熱烈地進行討論，交換心得。我暗暗自語，這些人真是相見恨晚，他們對彼此非常尊重。」

因此「千禧年挑戰」並不只是兩支軍隊的對決廝殺，而是兩種截然不同軍事思維要分出高下。藍軍有一整套的資料庫、矩陣方程式與各種幫助指揮官瞭解敵軍的意圖與戰力的方法論。相反地，紅軍則是由凡瑞普帶領那些披頭散髮、儀容不整、各憑本事的期貨交易員，他們平時嘶吼推擠，一個小時中要做出上千個間不容髮的決定；凡瑞普與他們志同道合。

於是「千禧年挑戰」兵棋演習正式開打，藍軍調動數萬名部隊前往波斯灣地區，並且在紅軍母國的外海集結了一支航空母艦戰鬥群。徹底展現實力之後，藍軍向凡瑞普發出八點最後通牒，其中第八條就是要求他投降。藍軍信心滿滿，因為他們手中的「作戰淨評估」矩陣方程式已經將紅軍的弱點揭露無遺，並且預示紅軍下一步會採取何種行動、有哪些選擇方案。但是，凡瑞普並沒有按照電腦的預測行動。

　　藍軍摧毀了凡瑞普的微波通訊基地，切斷他的光纖網路，認定紅軍只剩衛星通訊行動電話可用，而藍軍可以監聽追蹤。

　　「他們以為紅軍會被打得猝不及防，」凡瑞普回憶，「猝不及防？任何中等知識程度的人都知道，那些科技是靠不住的，然而藍軍就是不信邪。任何人知道賓拉登在阿富汗被窮追猛打的遭遇之後，還有誰敢用行動電話與衛星通訊？我們利用騎摩托車的信差傳遞訊息，情報藏在祈禱書裡面。藍軍問：『你的飛行員又沒有和機場塔台聯絡，怎麼能讓戰機起飛？』我回答：『有人記得第二次世界大戰是怎麼打的嗎？我們用燈光信號。』」

　　情勢開始逆轉，藍軍原本以為可以一眼看穿的敵人，現在顯得高深莫測。紅軍在做什麼？凡瑞普面臨美國大軍泰山壓頂，應該會嚇得毫無招架之力，然而他是沙場老將，才不會那麼容易屈服。戰事進入第二天，凡瑞普派遣一隊小型艦隊進入波斯灣，追蹤入侵的藍軍艦隊動向，緊接著他發動突襲，以巡弋飛彈狂轟藍軍艦隊一個小時。等到紅軍的奇襲結束，十六艘美國軍艦葬身波斯灣海底。如果「千禧年挑戰」化身為真槍實彈的戰爭，美軍在還未發射一槍一彈之前，就會損失兩萬名男女官兵。

　　「身為紅軍最高指揮官，我坐鎮戰場，知道藍軍準備執行先發制人戰略，」凡瑞普說，「因此我先下手為強。我們已經算過藍軍艦隊能夠承受多少枚巡弋飛彈，於是發射比那個數目更多的

飛彈，而且飛彈來自四面八方，陸上、空中、近海、遠海。我們差不多擊沉藍軍半數艦艇，而且目標精挑細選，都是航空母艦、大型巡洋艦等等，他們有六艘兩棲攻擊艦，我們幹掉其中五艘。」

接下來的幾個月，聯合部隊司令部的分析師提出五花八門的法說，試圖解釋七月那天到底發生了什麼事。有些人說那天的事件只能代表兵棋演習眾多可能過程其中的一種；有些人則說，實際作戰時，美軍艦隊不會那麼不堪一擊。然而無論是哪一種解釋，都不能改變藍軍遭到重創的事實。作惡多端的軍事強人表現得淋漓盡致，他全力反擊，而且令藍軍猝不及防。可以這麼說，藍軍的失敗其實很類似蓋提美術館對古希臘少年立像的誤判：他們針對每一種狀況進行理性且嚴謹的分析，然而不知為何，這些分析卻錯失了原本應可透過直覺掌握的真相。在波斯灣的那天早晨，紅軍的快速認知能力能夠健全運作，藍軍則否，這到底是怎麼一回事？

隨機應變的結構

不久前的一個週末，一個即興表演創作的喜劇團體「老媽」（Mother）到曼哈頓西區位於一家超市地下室的小劇場表演。那是在感恩節過後一個飄雪的晚上，但是劇場坐無虛席。「老媽」總共有三女五男，八名團員，年紀都是二、三十來歲。舞台上空蕩

蕩的，只擺了六張白色摺疊椅。「老媽」要表演的是即興創作界熟知的《黑裸》（*Harold*）劇碼，團員走上舞台，渾然不知自己要擔任什麼角色、演出什麼情節，他們只是隨機任意地從觀眾席擷取某個提示，然後連片刻的討論都不需要，就可以無中生有，演出一齣三十分鐘的喜劇。

其中一位團員向觀眾席喊話要求提示，「機器人，」有個觀眾回應。即興表演者很少從字面來解釋一個提示，帶頭演這一齣戲的女演員潔西卡（Jessica）後來說，她聽到「機器人」這個字眼時，心中浮現的是情感的疏離，以及科技對人際關係的影響，因此她走上舞台，假裝朗讀一張有線電視公司的帳單；舞台上還有一位男士，背對著她坐在椅子上，兩個人開始交談。那位男演員知道自己要演什麼角色嗎？一無所知，潔西卡和觀眾也是一樣。然而這齣戲逐漸成形，她演一位妻子，男演員是她的丈夫，她發現帳單上列出色情電話的收費項目，感到非常困擾，但是他卻怪罪正值青春期的兒子。一陣唇槍舌劍之後，又有兩個演員跑上舞台，扮演故事中另外兩個角色，其中一個是想要幫助這家人安度危機的心理醫生。在另一幕，一位演員氣憤地重重坐下說：「我又沒有犯罪，但是卻在這裡坐牢。」他是這對夫妻的兒子。在故事的開展過程中，沒有任何一位演員會張口結舌或不知所措；劇情進行之順，有如事前經過幾天的排練。雖然演員的台詞或動作有時不怎麼討好，但整體而言「笑果」甚佳，觀眾樂得大吼大叫。這齣戲處處都值得玩味：八位演員縱橫舞台，毫無憑依，在我們

的眼前創造出一齣喜劇。

喜劇即興創作是一個絕佳的例子，充分透露本書闡揚的思考方式。過程中涉及十分複雜微妙的決定，而且當下即刻就要完成，沒有任何劇本或情節可以依恃。這既是即興創作的魅力所在，坦白說，也是它可怕的地方。假設我邀請你在一群觀眾面前現場演出，劇本我已經寫好，並且給你一個月時間排練，我猜想你十之八九還是會敬謝不敏；你會擔心自己要是怯場怎麼辦？忘詞怎麼辦？觀眾噓你怎麼辦？但至少傳統的戲劇還有結構可言，每一句話、每個動作都已寫成白紙黑字，每位演員都可以排練，有一位導演指揮全局並分派工作。再假設一次，我邀請你在一群觀眾面前現場演出，只不過這一回沒有劇本，對於你要演什麼人、說什麼話，完全不給線索，而且還要求你要讓觀眾樂不可支，我相信你一定寧可赤腳去踩燒紅的煤炭。即興創作可怕之處就在於它的隨機任意與混亂渾沌；你似乎就這樣走上舞台，無中生有，當場就得做出成品。

然而攤開事實真相，即興創作其實一點也不隨機混亂。舉例來說，當你和「老媽」劇團的成員促膝長談時，你很快就會發現，他們並不是你想像中那種古靈精怪、坐立難安、無拘無束的喜劇演員。他們有些人是一板一眼，甚至讓人覺得索然乏味。每個星期他們都會集合一次，進行長時間的彩排演練。每一回表演

結束之後，他們會留在後台，認真檢討彼此表演的缺失。他們為什麼要花那麼多時間練習？因為即興創作這種藝術形式必須遵循一系列規則，他們希望當劇團登上舞台時，每個團員都能夠循規蹈矩。一位團員說：「我們認為自己的表演很像打籃球。」這樣的比擬相當貼切。籃球是一種精細複雜的快節奏運動，充斥著電光石火、隨機應變的決定。但是隨機應變有其先決條件，每一位球員都要參加長時間的練習，反覆不斷、循序漸進，不斷改進自己的投籃、運球、傳球與上籃，並且培養默契，清楚知道自己在球場上要扮演什麼角色。這個道理對即興創作一樣重要，同時也是破解「千禧年挑戰」兵棋演習之謎的關鍵之一：**隨機應變並不是漫無章法**。凡瑞普的紅軍那天之所以能在波斯灣大顯神威，原因並不是當時他們比藍軍對手來得明智或幸運。當人們處於倏忽變化、壓力沉重、必須盡快掌握狀況的情境中，其決策品質的良窳其實是決定於平日的訓練、規則與模擬。

舉例來看，成就一場即興表演的一個最重要規則，就是「同意」這個概念。要創造故事或製造喜感，有個非常簡單的方法：讓每一位台上的演員接納他們遇到的每一件事情。即興表演先驅之一的強斯頓（Keith Johnstone）曾寫道：「如果你願意停下閱讀，然後去想某件你不希望發生在你或你所愛的人身上的事情，那麼這件事就值得考慮搬上舞台或銀幕。我們不希望一走進餐廳就被蛋奶凍派迎面砸上，不希望突然看到老祖母的輪椅衝向懸崖邊緣，但是我們卻願意花錢買票看這種表演內容。在實際生活中，

大部分人都非常善於壓抑自身的行動。而即興表演的老師要教的就是反轉這種壓抑，培育出『才華洋溢』的即興表演工作者。糟糕的即興表演者會運用過多的技巧，反而阻礙了行動的開展；優秀的即興表演者則不然，他會發展自己的行動。」

　　底下是一段表演對話的範例，兩位演員都是強斯頓班上的學生：

> A：我的腿有毛病了。
> B：我恐怕得幫你截肢。
> A：大夫，你不能那麼做。
> B：為什麼不能？
> A：因為我寧願它牢牢地黏在我身上。
> B：（很洩氣的樣子）別這樣嘛，老兄。
> A：大夫，我的手臂上也長了個東西。

　　兩位演員一下子遭到挫折，演不下去。演員A開了一個滿高明的玩笑（「我寧願它牢牢地黏在我身上」），然而整個情境缺乏喜感。因此強斯頓喊停，指出問題所在：A演員違反了「同意」規則，他的夥伴做出一個提示，但是他並沒有接納，因為他說：「大夫，你不能那麼做。」

　　於是兩個人從頭開始，但這一回特別強調「同意」的重要：

Ａ：噢！

Ｂ：怎麼啦，老兄？

Ａ：我的腿，大夫。

Ｂ：情況不妙。我必須幫你截肢。

Ａ：你上次就截過了。

Ｂ：你是說，你這條木腿現在會痛？

Ａ：是的，大夫。

Ｂ：你知道這是怎麼一回事嗎？

Ａ：不會是蛀蟲吧！

Ｂ：正是蛀蟲。我們要在它還沒有擴散之前趕快處
　　理掉。

（Ａ的椅子垮掉。）

Ｂ：我的天啊！它已經擴散到家具上了！

　　同樣的兩位演員，擁有同等的技巧，角色完全沒變，連開場
也幾乎一模一樣。但是第一幕戲演到後來無以為繼，第二幕戲的
情境卻充滿可能性。藉由遵循一項簡單的規則，Ａ和Ｂ才把喜感
發揮出來。「好的即興演員似乎會心電感應，一言一行有如事先
安排妥當，」強斯頓寫道，「這是因為他們對各種提示都照單全
收，『正常』人是不會這麼做的。」

　　再舉一個例子，來自另一位即興表演先驅克婁斯（Del Close）
的工作坊。其中一位演員扮演警察，另一位則是被他追捕的強盜。

警察：（喘著氣）嘿，我已經五十歲了，還有點胖。
我們能不能休息一下。
強盜：（喘著氣）休息的時候你不會抓我吧？
警察：沒問題，幾秒鐘就好，我數到三，一、二、
三。

你是不是要反應特別機伶、聰明過人或者是個飛毛腿，才能演好這一幕戲？其實不必。這段對話是一條腸子通到底，喜感的產生完全仰賴那條簡單法則：不可以拒絕任何提示。精采的即興表演需要的是行雲流水、輕而易舉、靈機一動的對話，只要你能設定好適當的架構，一眨眼間，對話進行就會容易得多。凡瑞普在「千禧年挑戰」兵棋演習中，對這一點也深有所感，他並不是一味地把部隊推上表演舞台，期望並祈禱他們的腦袋裡會冒出有趣的對話；他為成功的隨機應變創造了適當的條件。

三思而行的危險

凡瑞普第一次到東南亞地區、擔任越南政府的顧問時，他身處叢林之中，經常聽到遠方的槍砲聲。當時他還是個年輕少尉，初經戰火洗禮，一聽到槍砲聲就想拿起無線電，追問前線部隊戰況如何。然而過了幾星期之後，凡瑞普已經知道，無線電另一端的同袍和他一樣，搞不清楚槍砲聲是怎麼一回事，反正就是槍砲

聲。這個現象埋下了種子，究竟是什麼當時凡瑞普也還不明白，而他也不再追問。第二趟越南之行，凡瑞普聽到槍砲聲之後會稍做等待，「我會看看手錶，」凡瑞普說，「看錶的原因是我要等五分鐘再採取行動。如果前線部隊需要支援，他們會用無線電大聲求救。如果槍砲聲在五分鐘之後止息，我不會有任何動作。你必須讓前線部隊專心處理狀況、瞭解情勢。無線電呼叫的危險在於，他們為了讓上級長官別再來煩人，什麼話都說得出來。如果你對這些話信以為真，當成行動依據，你可能會犯下大錯。你除了害他們分心之外，也會導致他們依賴上級指揮而忽略眼前情況，你會成為他們解決問題的絆腳石。」

凡瑞普在他受命指揮紅軍時，都還謹記著這個教訓。「我對參謀群的第一項指示就是：我們要指揮，但是不要控制。」凡瑞普這番話是引述管理學大師凱利（Kevin Kelly）的名言，他進一步說明，「我的意思是，全盤指揮和作戰意圖由我和司令部高層負責，但是戰場部隊不必處處依賴高層指示，他們要運用自己的想法，盡可能出奇制勝。紅軍的空軍司令就是如此，他幾乎每一天都會提出新想法，用盡各種方法壓制藍軍；但我從來不曾給他一清二楚的指示，我只要確定他知道我的作戰意圖就夠了。」

戰鬥開始之後，凡瑞普不需要什麼反省檢討，他從不召開漫長拖沓的會議，也不要求部屬報告解釋，「我告訴參謀，藍軍的那些專業術語我們一概不用。除非是一般性的對話，否則我不想

聽到『效能』之類的字眼。我也不要聽到所謂的『作戰淨評估』。我們不會陷入這種機械化程序的泥淖，而是要運用智慧、經驗和我軍官兵的判斷力。」

這種管理方式當然有其危險之處，凡瑞普無法隨時掌握麾下部隊的動向，而且他必須充分信任部屬。凡瑞普自己也承認，這是一種「雜亂無章」的決策方式，不過它有一項壓倒性的優點：放手讓部屬採取行動，不必事事說明報告，這就像即興表演中的「同意」法則，快速認知因此得以順暢運作。

讓我以一個簡單明瞭的例子來解釋。請你先在心中勾畫上一回在餐廳為你服務的女侍或侍者的臉孔，或者你今天搭公車時坐在你身旁的那個人，任何一個你最近遇見的陌生人都可以。現在如果我要你從警察拘留的一排嫌疑犯中挑出那個人，你做得到嗎？我想應該可以。臉孔辨認是典型的潛意識認知，我們不必費心思索，一張臉孔自然會浮現腦海。然而如果我給你一支筆和一張紙，盡可能詳細寫出這名女侍的外觀，描述她的容貌。頭髮是什麼顏色？穿什麼衣服？有沒有戴首飾？信不信由你，等你做完這些描述之後，再叫你從一排嫌疑犯中指出這名女侍，你會覺得困難許多。這是因為描述一張臉孔的行為，會損害你原本輕而易舉就能辨識臉孔的能力。

心理學者修勒（Jonathan W. Schooler）是研究這種現象的先

驅，他稱之為「語文遮蔽效應」（verbal overshadowing effect）。人類的大腦有一部分（左半球）以語言思考，另一部分（右半球）則以圖像思考。當你運用語言文字來描述一副臉孔時，你的視覺記憶會遭到排擠移除，你的思維從右腦轉向左腦。因此當你第二度面對警方的嫌疑犯時，喚起的記憶是你對女侍容貌的語文描述，而不是視覺意象。這麼一來問題就大了，因為我們以視覺意象辨認臉孔的能力，遠遠勝過語文描述。假如我拿一張瑪莉蓮夢露或愛因斯坦的照片給你看，你在一瞬間就可以認出他們兩人；而且我想各位讀者現在腦海裡已經浮現他們兩人模樣，栩栩如生。但是你對他們的描述能精確到什麼地步？假如你寫了一段描述瑪莉蓮夢露的文字，但是不告訴我主角身分，那麼我猜得出來你寫的是誰嗎？我們對於臉孔具有一種直觀的記憶，可是當我勉強你將這種記憶形諸語言文字時，我已經將你與你的直觀隔離開來。

　　辨認臉孔似乎是眾多心理過程中非常特別的一種。然而修勒進一步闡明，我們解決許多問題的方式，都會受到語文遮蔽效應的影響。看看底下這個謎題：

　　　　有個男人和他的兒子發生嚴重車禍，男人不幸身亡，兒子則被送往醫院急診室。抵達醫院時，急診室醫師倒吸一口氣說：「這男孩我兒子！」請問這位醫師是誰？

這是一道「洞察力謎題」，不同於用紙筆演算推衍的數學或邏輯問題。如果答案在一瞬間浮現腦海，你才可能解開謎題找到答案。你必須揚棄認定醫師都是男性的自動假設，醫師當然不一定是男性，那位急診室醫師是男孩的媽媽！再來一道洞察力謎題：

　　一座倒置的巨大鋼鐵金字塔，單點著地，完全平衡，稍微碰一下就會傾倒。金字塔底下壓了一張百元紙鈔，你要怎麼做才能不碰到金字塔而拿掉紙鈔？

請你思考片刻，過大約一分鐘之後，開始寫下你是如何解決這道謎題，越詳細越好：你的策略、你的途徑、你想到的任何答案。修勒進行一整頁洞察力謎題的實驗，發現那些必須說明解題方式的受試者，比起不必說明的受試者，解出的題目足足少了三〇％。簡而言之，當你將思緒化為文字時，你獲致靈光一現的洞察力來解決問題的能力，反而會大為耗損；正如同要你描述女侍的容貌，反而使你無法從警方的嫌疑犯中找出此人。（順帶一提，上述金字塔謎題的答案是：毀掉那張紙鈔，撕開或燒掉都可以。）

如果是邏輯性的問題，要求人們說明解題方式並不會影響他的解題能力，甚至還有所幫助。然而，需要洞察力靈光一現才能解決的問題，遵循的是另一套運作原則。「同樣的問題也會發生在運動比賽中，理性分析會導致你不知所措，」修勒說，「當你

開始思索其中過程，這種思維將傷害你的能力，使你無法行雲流水地表現。某些流變的、直觀的、無法以言辭表達的經驗，很容易被這種思維破壞。」我們人類能夠做到洞察與直覺的大躍進，能夠牢牢記住一張臉，能夠在一眨眼間解決一道難題。但是修勒告訴我們，這些能力的脆弱程度難以想像。洞察力並不是我們腦袋裡的燈泡，可以開開關關；它是搖曳閃爍的燭火，隨時都有可能熄滅。

　　決策專家克萊恩曾做過一項訪談專業人士的計畫，請他們談談那些必須快速做出艱難決定的時刻，其中一位受訪者是克里夫蘭市消防局的局長。這位打火英雄談到幾年前，隊上接到一通看似尋常的報案電話，他當時還只是分隊長。那場火災發生在某個住宅區一幢平房後方的廚房中，他和弟兄們從前廳破門而入，安置好水管，然後全力灌救，準備用水滅掉廚房的火。照理說火勢這時應該會減弱，但是並沒有，消防員再度展開灌救，仍然不見成效，他們從走廊退向客廳。這時這位分隊長突然感覺情況不對勁，轉身對弟兄說：「我們撤退，快走！」他們才剛離開現場，地板立刻塌陷，原來起火點是在地下室。

　　「他也不知道自己為何會下令撤退，」克萊恩回憶，「他相信那是第六感，真的相信。他認定自己具備第六感，而且在他消防員生涯中，這種能力一直庇佑著他。」

克萊恩是一位擁有博士學位的決策研究專家，才智出眾，慎思明辨，當然不會輕易接受「第六感」這種答案，因此接下來的兩個小時，克萊恩不斷要求這位局長回憶當天現場，試圖精確記錄當時他知道與不知道的細節。「第一個重要跡象是，那場火的延燒方式很奇怪，」克萊恩說，廚房的火應該會被水澆熄，這場火卻無動於衷。「後來他們退到客廳，」克萊恩繼續說，「他告訴我他一向會將耳罩掀起來，感受火的熱度，但是這場火的高溫讓他很驚訝，不像廚房的火。我追問他：『還有什麼跡象？』能夠注意到什麼事情該發生而沒有發生，也是一種專業素養；另一點令這位局長訝異的是，這場火沒有什麼聲音，靜悄悄地燒著，與熱度不成比例。」

事後看來，這些異常現象都有道理可解釋。向廚房噴水無法壓制火勢，是因為起火點並不在廚房；燃燒聲音很小，是因為隔了一層地板；客廳異常高溫，是因為火在下方延燒。然而在當時，那位分隊長並沒有意識到這些關聯性，他所有的思維都是在潛意識的深鎖房門後頭運作。這是「薄片擷取」實際運作的絕佳範例。消防員的內在電腦不費吹灰之力，就在一團混亂中發現特定模式。當然，那場大火讓人印象最深刻的地方，在於它幾乎引發一場大災難。如果這位分隊長停下來和弟兄交換意見，如果他對弟兄說的是：我們討論一下，把情況搞清楚。換句話說，如果他像我們心目中解決難題的領導者一樣行事，他可能會斷送自己靈光乍現、挽救弟兄性命的能力。

在「千禧年挑戰」兵棋演習中，藍軍正是犯下這種三思而後行的錯誤。他們建置的系統讓他們不時停下腳步討論當前情勢，預測戰況發展。如果藍軍將領面對的是邏輯性問題，那麼這種做法相當合宜，然而凡瑞普造成的威脅卻是不按牌理出牌。藍軍以為他們能夠監聽凡瑞普部隊的通訊，但是他以摩托車騎士傳遞訊息；藍軍以為凡瑞普的戰機無法起飛，但是他乞靈於一種早已被束之高閣、第二次世界大戰時代的通訊技術：燈光信號；藍軍以為凡瑞普無法追蹤他們的船艦，但是他派遣大批小型魚雷快艇駛入波斯灣。然後說時遲那時快，凡瑞普的戰場指揮官發動攻擊，情勢丕變，藍軍原本以為眼前只是一場小小的「廚房火災」，如今卻發現自己的方程式無用武之地。藍軍面對一道考驗洞察力的難題，然而他們的洞察力已經遭到扼殺。

「我聽說藍軍那邊不斷開會討論，沒完沒了，」凡瑞普說，「他們想釐清當前的政治情勢，畫了一堆上上下下箭頭的圖表。我還記得當時我心想：不對吧，你們居然在戰鬥時搞這些名堂？他們謅出一個又一個縮寫術語，例如一個國家國力的四大層面是外交（diplomatic）、資訊（informational）、軍事（military）與經濟（economic），於是『DIME』這個術語就出爐了，接下來他們滿口都是『藍軍的DIME』。此外，政治、軍事、經濟、社會、基礎建設與資訊的工具叫做『PMESI』。他們的對話越來越可怕，什麼我們的DIME對抗他們的PMESI，我聽了真是不敢領教，鬼扯些什麼？當你被這些表格、方程式、電腦程式糾纏住，你會越陷越

深。他們集中精神在這些機械化、程序性的事務上，對全面性的問題卻見樹不見林。當你將事物拆解割裂，反而失去了意義。」

參與「千禧年挑戰」兵棋演習的聯合部隊司令部高層將領凱許（Dean Cash）少將事後坦承：「『作戰淨評估』這套工具應該能夠讓我們綜觀全局、瞭若指掌，顯然它並沒有達到要求。」

急診室危機

距離芝加哥市中心區三公里多的哈里遜西街，矗立著一座外觀美侖美奐、盤踞一整個街區的建築物，這幢建築物設計建造於二十世紀初葉。半個多世紀以來，這裡一直是庫克郡立醫院（Cook County Hospital）的所在地，全球第一座血庫在這裡設立；放射線治療法在這裡展開試驗；這裡的外科醫師曾經縫合四根被切斷的手指；這裡的創傷中心遠近馳名，每天忙著治療遭到槍傷與其他外傷的幫派份子，電視影集《急診室的春天》的創作靈感就是來自此地。一九九〇年代晚期，庫克郡立醫院啟動一項日後備受讚譽的計畫，足以與院方先前的成就媲美：院方改變急診室醫師診斷有胸痛症狀病人的流程。這項計畫的緣由與過程，能夠讓我們從另一個觀點瞭解凡瑞普在「千禧年挑戰」兵棋演習中出奇制勝的原因。

　　庫克郡立醫院的大規模實驗從一九九六年展開，一年之前該院的內科部剛由一位相當傑出的專家萊里（Brendan Reilly）接掌，當時他接的是一個爛攤子。身為芝加哥首屈一指的公立醫院，庫克郡立醫院成為無數沒有健保的芝加哥市民最後希望所寄。各項資源都捉襟見肘，密集的病房設計屬於上一個世紀；病人沒有私密空間，只能以薄夾板相互隔開；餐廳尚未設立；病房裡沒有電話，大家只能用大廳盡頭的一具公用電話。有一個真實性尚待考證的故事：這裡的醫師曾經訓練一名遊民，讓他負責實驗室例行性的化驗工作，因為人手實在不足。

　　一位醫師如此形容：「過去有很長一段時間，如果你想在半夜為一名病人做檢查，因為病房只有一個電燈開關，所以你一開燈，整間病房就大放光明。一九七○年代中期以後，院方才為每張病床個別安裝燈具。病房裡沒有空調，只有大型風扇，你可以想像那種噪音。醫院中會出現各個單位的警察，他們把囚犯帶來這裡醫治，所以你會看到病人被銬在病床上。有些病人帶著電視和收音機來住院，大聲播放。病患與家屬坐在走廊上，就像夏天晚上坐在自家的門廊。每一道病房外的走廊只有一間盥洗室，因此病人得拖著靜脈注射架走來走去。病房裡面有緊急按鈴可以召喚護士，但因為護士人力不足，鈴聲永遠是此起彼落，響個不停。醫生得在這種環境中聽診病人的心臟或肺部，真是瘋狂荒謬。」

　　萊里的醫學生涯從達特茅斯學院（Dartmouth College）的醫學中心開始，這是一座環境優美、經費充裕、設備先進的醫院，位於新罕布夏州風和日麗、崗巒起伏的丘陵地區，與芝加哥哈里遜西街有霄壤之別。「一九九五年夏天是我在庫克郡立醫院度過的第一個夏天，當時熱浪襲擊芝加哥，造成數百人死亡。當然，醫院裡沒有裝設空調，」萊里回憶當年情景，「醫院裡面的酷熱指數高達一百二十，病人──有些還是重症病人──必須在這種環境中存活。我做的第一件事就是逮住一位高層主管，拖著她走過大廳，要她在一間病房中站著體驗，她只撐了大約八秒鐘。」

　　萊里面對的問題族繁不及備載，但是急診部的情況似乎格外嚴重。因為庫克郡立醫院的病人絕大部分沒有醫療保險，他們都是經由急診部進入醫院，因此精明的病人會一大早來掛號住院，這樣午餐和晚餐就有著落。急診部外面總是大排長龍，裡面人滿為患，每年要接受二十五萬名病患，這數字令人咋舌。

　　萊里說：「我經常連穿過急診室都有困難，到處都是輪床，要如何照料這麼多人造成了長期壓力。真正的病患照理說應該住院，然而這就是問題棘手之處。整個系統的資源供不應求，你該如何確定哪些人需要哪些資源？如何讓資源流向最需要的人？」許多病患都有氣喘問題，因為芝加哥是全美國氣喘發病率最高的地方之一。因此萊里和部屬訂出一套準則，以提升治療氣喘患者的效率；他們也針對遊民設計了一套作業程序。

　　然而從萊里上任開始，如何處理心臟病患一直都是當務之急。每天向庫克郡立醫院急診部求助的病患中，平均有三十人是為了心臟問題上門，而且佔用病床與醫療資源的比例遠高於他們的人數比例；住院的時間也比其他病患長得多。有胸痛症狀的病人需要大量醫療資源，診斷的程序冗長繁複，而且更要命的是，診斷通常不會有明確的結果。

　　當一位病人摀著胸口走進急診室，護士要量他的血壓，醫師要拿著聽診器貼住他的胸口，聽聽看有沒有代表肺部可能積水的沙沙聲，那是心臟輸送血液力有未逮的明確病徵。接下來醫師要問病人一連串問題：胸痛已經持續多久？哪個部位會痛？運動的時候會不會特別嚴重？以前有過心臟病發紀錄嗎？膽固醇指數多高？平常有服用藥物嗎？有沒有糖尿病（與心臟病關係密切）？然後技術師推著手推車進來，上面擺了一具大小和桌上型電腦印表機相近的儀器，將幾塊帶有鉤子的小塑膠片貼在病患手臂與胸膛的特定部位，每一塊貼片連接一個電極，可以「讀取」病患心臟的電流變化，將所得圖案印在一張粉紅色的方格紙上，這就是心電圖。

　　理論上，健康的心臟有特定且穩定的心電圖圖案，印在紙上就像一道山脈的輪廓；假如心臟出了問題，圖案會扭曲變形，原本應該往上攀升的線條會急轉直下，曲線會變成直線、斜線或折線。在心臟病發的當下，心電圖應該會呈現為兩種一望即知的特

殊圖案。但是請注意「應該」這個字眼，心電圖絕非完美無瑕。心電圖看來全然正常的病患，可能正面臨生死交關；心電圖看來橫七豎八的病人，卻有可能健康無虞。雖然有其他方法可以準確推定心臟病症狀，但是要用到特殊的酵素，而且檢驗結果要等幾個小時才會出來。當一位醫師在急診室面對痛苦不堪的病患，走廊上還有一百多人排隊等候。他可沒有幾個小時可以等待。因此當胸痛的病人上門時，醫師會盡可能蒐集資訊，然後估計對方是否真的罹患心臟病。

這種評估的問題在於，它的準確度不算太高。萊里早期在庫克郡立醫院做過一次試驗，他匯集二十名極為典型的胸痛病患病歷，交給一群醫師診斷，有心臟科醫師、內科醫師、急診室醫師、住院醫師，對於評估胸痛病人都是經驗老到。萊里想看看他們對於這二十名病人是否患有心臟病，能夠達到多少共識。答案是顯然難有共識，一位病人可能會被某一位醫師告知回家休養，但是被另一位醫師送進加護病房。「我們請醫師從零到一百，評估每一名病患罹患心肌梗塞（俗稱的心臟病）的機率，以及未來三天內出現致命併發症的機率，」萊里說，「結果這二十名病患得到的評估數字，高低起伏非常大，這很不尋常。」

醫師認為自己做的是理性判斷，但實際上這種「判斷」跟猜測相去無幾，而猜測自然不免導致錯誤。在美國各大醫院，約有二％到八％確實有心臟病的病患被送回家休息，因為負責檢查的

醫師根據某種理由認定這些病患並無大礙。更常見的情況是：醫師矯枉過正，寧可小心為上策，只要病患有一點心臟病的徵兆，何必冒風險不讓他住院？

「假設一位病人來到急診室，他有嚴重的胸痛，」萊里說，「他年紀很大、抽菸、有高血壓，這些訊息都讓你暗想：啊，是心臟出問題。但是檢查評估之後，你發現病人的心電圖正常。這時你會怎麼做？你可能會告訴自己：這位老先生不但胸痛，而且符合許多高風險因素，我不能信賴他的心電圖結果。」近年來這個問題日趨嚴重，因為醫學界對心臟病的宣導教育相當成功，許多民眾一出現胸痛症狀就向醫院報到。在此同時，醫療過失官司的虎視眈眈，也讓醫師越來越不願意冒險排除心臟病的可能性。結果就是，因為疑似病狀而住院的病人中，只有約一○％是如假包換的心臟病患。

萊里的問題就在這裡。他服務的醫院不在達特茅斯學院，也不是芝加哥北區的高級私人醫院，那裡的經費不成問題。萊里是在庫克郡立醫院，他必須省吃儉用來經營該院的醫療部門。然而年復一年，院方在誤判為心臟病的病人身上稍耗的經費越來越多。舉例來說，庫克郡立醫院的冠心病（冠狀動脈心臟病）加護病房，一張病床住一晚的成本約莫是兩千美元，典型的胸痛病人可能會住院三天，然後發現是虛驚一場。庫克郡立醫院的醫師不免要問：經營醫院難道沒有更好的辦法？

　　「事態在一九九六年全面惡化，」萊里回憶，「我們要治療大批胸痛的病人，但病床就是不敷所需。我們經常為了病人的需求爭論不休。」當時庫克郡立醫院的冠心病加護病房只有八張床，另一間「過渡性冠心病加護病房」還有十二張床，設備和醫療稍微差一點，營運成本也比較低（每晚一千美元，是冠心病加護病房的一半），沒有心臟專科醫師，只有護士。然而病床還是不夠，因此院方又闢出一間「觀察病房」，讓病人待上半天左右，但只提供最基本的醫療照護。「我們開設等級更低的第三級病房，看看情況是否會改善。只是沒過多久，我們就吵成一團，爭論哪個病人才能住進觀察病房，」萊里說，「我家的電話整夜響個不停，顯然做這種決定並沒有標準、理性的程序可言。」

　　萊里身材高挑瘦削，有如賽跑選手。他在紐約市長大成人，接受典型的天主教耶穌會信徒的教育：中學讀的是瑞吉斯高中（Regis High School），修習了四年的拉丁文與希臘文，然後進入佛德漢大學（Fordham University）。萊里在大學時代涉獵甚廣，從古典文化到維根斯坦與海德格無所不讀，一度考慮專攻哲學，後來才決定學醫。萊里在達特茅斯學院擔任助理教授的時候，對一個問題非常頭痛：沒有一本專用的教科書可以系統性地涵蓋門診醫師經常遇到疑難雜症，諸如暈眩、頭痛、腹痛等等。因此萊里劍及履及，利用空閒的晚上與週末假日，針對這個主題寫出一本八百多頁的教科書，仔細說明一般醫師最常碰到的症狀。「他永遠在探索不同的領域，從哲學、蘇格蘭詩歌到醫學發展史，」萊

里的同事兼好友伊凡斯（Arthur Evans）形容，「他可以同時閱讀五本書；任教達特茅斯學院休長假的時候，他會以寫長篇小說自娛。」

　　照理說，萊里應該會一直待在東部，窩在舒適的冷氣房裡寫出一篇又一篇論文，然而他卻接受了庫克郡立醫院的徵召。這家醫院是為最窮苦無依的民眾設立，因此吸引了許多痌瘝在抱的醫生與護士，萊里正是其中之一。此外，庫克郡立醫院經費短缺的狀況，也為大規模變革提供了溫床，而萊里向來對變革興致勃勃，還有什麼地方比這家醫院更適合他一展所長？

　　萊里上任後的第一把火，就是實際運用心臟專家哥德曼（Lee Goldman）的研究成果。一九七〇年代，哥德曼認識了一群數學家，這些人當時正致力於發展區分基本粒子所需的統計規則。哥德曼對物理學興趣不高，但是他靈機一動，認為同樣的數學原理可以用來協助判斷心臟病症狀。他將數百個病的資料送進電腦，看看哪一種症狀最能夠代表心臟病發作，並且推衍出一道計算公式；哥德曼認為這套公式可以大幅提升診斷胸痛病人的準確率。哥德曼最後結論：醫師應該將心電圖測量結果與三項所謂的「急迫風險因子」組合：一、病人是否有不規則的心絞痛？二、病人的肺病是否出現積水？三、病人血壓的收縮壓是否低於一百？

　　哥德曼針對每一種因素組合繪製了一幅「決策樹」（decision

tree）圖表，並建議相應的治療方式。舉例來說，如果病人的心電圖正常，但是三項急迫風險因子一應俱全，那麼他應該住進過渡病房；如果心電圖顯示病人有心肌局部缺血現象，但是沒有或只出現一項急迫風險因子，那麼他心臟病發作的機率並不高，在短期病房休息即可；如果心電圖顯示心肌局部缺血，而且出現兩到三項急迫風險因子，這位病人就得趕緊送進加護病房。

哥德曼花了好幾年時間研究他的「決策樹」方法，不斷精益求精，但是他在每一篇論文的結語中都會提醒醫界，必須進行更多的實際試驗，才能夠將「決策樹」方法付諸臨床運用。只是許多年過去了，哥德曼的理論仍是紙上談兵，當年他在哈佛大學醫學院展開這項研究，在加州大學舊金山分校完成，結果這兩座夙負盛名的學府都不願嘗試。儘管哥德曼的運算十分嚴謹，但是他仍然知音難覓，沒有人相信一道公式會勝過一位訓練有素的醫師。

諷刺的是，在哥德曼研究之初，他的經費主要來源不是醫學界而是美國海軍。哥德曼一心要濟世救人，提升美國醫院的醫療品質，為醫療保險每年省下數十億美元，然而卻只有五角大廈願意共襄盛舉，為什麼？理由恐怕匪夷所思：設想當你身處一艘深海巡弋的潛水艇之中，在敵方水域靜悄悄地窺伺，這時你麾下一名水手出現胸痛症狀，你必須準確判斷到底是應該緊急上浮（因此暴露行蹤），將病患送醫急救，還是只需要給他幾顆胃藥，叫他回寢室休息就可以。

對於哥德曼的研究成果，萊里不像其他醫學機構那樣躊躇疑慮，因為他要對付眼前一場危機。他向庫克郡立醫師內科部與急診部的醫師介紹哥德曼的公式，並宣布要舉行一場實地測試。接下來的幾個月，醫師先是一仍舊貫，以自己的老方法來診斷胸痛病人；然後他們改用哥德曼的公式，再比較兩套方法的診斷結果。這場實地測試進行了兩年，勝負立判，哥德曼在兩方面遙遙領先：在排除病人的症狀並非心臟病方面，新方法的準確率比舊方法高出整整七〇％；同時新方法也比舊方法安全。診斷胸痛的最重要目的在於，讓那些有嚴重併發症的病人能夠盡快送往心臟病加護病房或過渡病房。醫師運用原有的方法時，他們對症狀最嚴重病患的診斷準確率，約在七五％到八九％之間；但是哥德曼公式的準確率卻超過九五％。對萊里而言，這樣結果已經是鐵證如山，他開始推動庫克郡立醫院改變診斷方式。二〇〇一年時，這家醫院成為全美第一家完全運用哥德曼公式來診斷胸痛的醫學機構。今日當你踏進庫克郡立醫院急診室，你會看到牆上貼著一幅診斷心臟病的「決策樹」。

少即是多

庫克郡立醫院的實驗為何如此重要？因為我們向來對於「決策者擁有的資訊越多，決策的品質也會越好」深信不疑。如果我們的醫師認為他必須多做一些檢查，多知道一些細節，我們通常

不會反對。在「千禧年挑戰」兵棋演習中，藍軍想當然爾認定紅軍不是對手，原因正是他們手上的資訊遠多於紅軍，自認為必勝無疑。藍軍的將領比紅軍的凡瑞普更能夠按部就班、全面觀照，而且坐享更多的資訊。然而，哥德曼的公式怎麼說？根本大相逕庭，**那些額外的資訊根本不是什麼優勢，其實你只需要些許的資訊，就能夠直探某個複雜現象的背後意義**。要診斷心臟病，掌握心電圖、血壓指數、肺部積水、不規則的心絞痛這四大指標已經是綽綽有餘。

這是相當具顛覆性的概念。看看這個假設的病例：有個人走進急診室，說他的左胸出現間歇性疼痛，經常會在爬樓梯時發作，一次持續五分鐘到三小時。他的胸腔診斷、心臟診斷與心電圖都看不出異狀，收縮壓是一六五，也算正常。但是這位先生已經六十幾歲了，是一位埋頭苦幹的公司主管，他抽菸，從不運動，高血壓的毛病已經好幾年。他體重過重，兩年前做過心臟手術，現在他直冒冷汗。從各方面跡象來看，這位病人似乎都應該送進冠心病加護病房，然而哥德曼的公式認為無此必要。長期來看，那些額外的因素當然有影響；病人的身體條件、飲食與生活狀況，會使他未來幾年內心臟病發作的風險居高不下；在七十二小時之內，這些因素甚至可能以某種非常微妙、複雜的方式產生威脅。然而哥德曼公式指出的是：那些因素對病人當前狀況的影響微乎其微，絲毫無助於正確的診斷。事實上，額外的資訊不僅無益，而且有害，只會混淆問題；藍軍那天在波斯灣一敗塗地，

這也是關鍵之一。當醫生試圖診斷病人是否心臟病發作時，將太多的資訊納入考量反而會導致他們誤判病情。

另一方面，資訊過多的問題也在其他相關研究中浮現：為何醫師有時完全診斷不出病人的心臟病，無法確認病人正面臨或是正處於心臟病發作階段。研究結果顯示，醫師比較容易對婦女與少數族裔犯下這類錯誤，為什麼？心臟病診斷的確要考慮性別與種族因素，黑人的發病風險與白人不同，女性發病的年歲通常比男性晚得多。然而當醫師要判斷個別病患的病情時，性別與種族的額外資訊會造成干擾，讓醫師不堪負荷。如果醫師少得到一點病人的資訊，不知道病人是白人抑或黑人、男性抑或女性，這時他們反而能做出比較正確的診斷。

當初哥德曼推廣他的理念會如此困難，原因可想而見。主張我們如果捨棄一些看重要的資訊，反而能得到更好的成果，這種理論實在有點匪夷所思。「哥德曼的方法正因為這樣而四面受敵，」萊里說，「醫師們就是無法信服，他們說：『只看心電圖、問幾個問題？心臟病診斷程序不可能這麼簡單。為什麼不考慮病患有沒有糖尿病？年紀多大？是否有心臟的病史？』這些都是顯而易見問題，因此他們認為：『哥德曼的方法沒有說服力，診斷心臟病不能這樣做。』」伊凡斯指出，醫師有一種自然而然的傾向，認為攸關病人生死的判斷一定要費盡心思，他說：「醫師總覺得不能只遵循平凡無奇的準則要點，所以還是自己設計的診斷方

法比較可靠；誰都可以跟著公式照本宣科，醫師會想：『我的能耐當然不只如此，事情沒有那麼簡單，不然醫院付那麼多錢請我幹嘛？』」那些醫師就是不敢信任哥德曼的公式。

多年以前，學者歐斯坎普（Stuart Oskamp）曾進行一項著名的研究，他找來一群心理學家，請他們評估一名上過戰場的二十九歲退伍軍人奇德（Joseph Kidd）。在實驗的第一階段，每一位心理學家只看到奇德的基本個人資料；第二階段，多領取一頁半密密麻麻的奇德童年資料；第三階段，再拿到兩頁奇德在高中與大學的背景資料；最後一階段，主持人提供奇德在軍中與退伍後生活的詳實紀錄。在每一個階段，心理學家各填寫一份問卷，回答二十五個有關奇德的複選題。歐斯坎普發現，隨著他提供的資訊逐步增加，這些心理學家對於自家評估的信心也水漲船高。然而他們的成果是否真的越來越準確？結果並非如此。雖然他們每收到一批新資料，就會修正八到十個問題的答案，可是準確度一直維持在三〇％上下。

歐斯坎普的結論是：「隨著資訊的增加，這些心理學家對於評估的信心扶搖直上，與實際成果的正確性完全不成比例。」急診室醫師也有同樣的問題，他們蒐集與考量的資訊遠超過實際需求，因為這麼做可以強化他們的自信。然而諷刺的是，影響他們判斷準確性的元凶，正是這股對於自信心的追求。這些醫師自己建構的診斷方式，原本就有資訊過剩的問題，現在又讓額外的資

訊源源湧入，結果自然是治絲益棼。

　　簡而言之，萊里與同僚在庫克郡立醫院推動的工程，是要
為急診室的應變流程營造出一種架構。哥德曼的公式做為一套規
則，可以避免醫師被泛濫的資訊淹沒，作用類似於「同意」規則
對舞台上即興演員的保障。哥德曼的公式讓醫師更有餘裕處理關
鍵時刻急診室中的其他重要決定：如果這位病人並不是心臟病發
作，那麼他到底出了什麼問題？我應該再多花點時間診斷這位病
人，還是轉而關注另一位更嚴重的病人？我要怎麼向病人解釋，
如何對待他？我要怎麼做才能真正幫助這位病人？

　　「萊里要灌輸醫護人員的一個觀念就是：跟病人談話與聽病
人說話時要無微不至，並且為他們做鉅細靡遺的身體檢查；許多
醫學訓練都忽略了這方面的技能，」伊凡斯說，「萊里深深覺得，
這樣的對話與檢查有其內在的價值，讓醫師與病人心意相通。萊
里認為你要先瞭解一個人的處境，他的家庭、鄰居與生活，你才
能夠真正照顧他。在他看來，醫學包含許多社會與心理的層面，
但今日的醫師在這些層面下的工夫並不夠。」萊里深信，醫師必
須將病患當成「人」來理解；而且如果你也認同尊重感與同理心
在醫病關係中不可或缺，你就應該營造一個富含同理心與尊重感
的空間。為了達到這個目的，你必須紓解自己在其他問題上的決
策壓力。

　　我認為這裡有兩個重要的心得。首先，**真正成功的決策有賴於在深思熟慮與直覺思維之間取得平衡**。高隆姆能成為頂尖的汽車銷售專家，一方面是因為他非常善於掌握當下客戶的意圖、需求與情緒；另一方面則是他能夠在這樣的直覺過程中煞車，有意識地抗拒某種特定的瞬間判斷。庫克郡立醫院的醫師也是一樣，他們之所以能夠從容應付急診室中每天的兵荒馬亂，是因為哥德曼花了幾個月的時間坐在電腦前面，詳盡地分析評估蒐集到的每一項資料。如果我們有充裕的時間，有電腦之類的工具協助，有清晰明確的目標，深思深慮的分析當然是很完美的工具，而且其成果能做為快速認知運作的基礎。

　　第二項心得是：**在卓越的決策過程中，精簡是一種美德**。婚姻專家高特曼針對一個複雜的問題，將它精簡為最單純的幾個要素，並且證明就算是最複雜的夫妻關係與問題，都具有某種可資辨識的基本模式。哥德曼的研究則顯示，在掌握這些基本模式的時候，「少」即是「多」；決策者若是吸收過多的資訊，反而會未蒙其利、先受其害。

　　當我們進行「薄片擷取」、掌握模式與當機立斷的時候，都會在潛意識中將資訊去蕪存菁。霍溫第一次看到蓋提美術館的古希臘少年立像時，立刻一眼看出它的「新穎」特質，而柴瑞則是直覺地注意到雕像的指甲。兩位專家都能夠迅速排除其他的細微末節，全神貫注於雕像的某一項特質，如此就足以獲取他們需要

的資訊。我認為,如果我們將資訊去蕪存菁的過程受到干擾,因此無法順利進行、不知從何下手,或者環境不允許,我們就會遇上麻煩。

還記不記得從事快速約會實驗的心理學家艾嫣佳?她還做過另一項實驗,在加州曼洛公園市的高級超市「得來捷」(Draeger's)設立一個外國果醬的試吃攤,裡面陳列的果醬有時僅僅六種,有時多達二十四種。艾佳想探究的是,果醬的種類數目是否會影響銷售量?傳統想法當然認為,消費者若是擁有愈多的選擇,愈容易找到完全符合自己需要的商品,購買的意願也會因此提高。但是艾嫣佳發現事實正好相反,在擺放六種果醬的試吃攤上,光臨的顧客有三○%會掏腰包;然而在二十四種果醬的試吃攤上,願意購買的顧客卻只有三%。為什麼?因為購買果醬是一種瞬間判斷,你直覺地告訴自己:我要這一種。如果你面對的選擇太多,讓潛意識無法消受,你反而會不知所措。瞬間判斷之所以能夠在瞬間做成,是因為它的程序非常精簡;因此如果我們想保護自己瞬間判斷的能力,就必須想辦法保持這種精簡的特質。

凡瑞普正是以這種方式領導紅軍,他與麾下參謀的確做過詳盡的分析工作,但他們是在戰前就未雨綢繆。等到戰鬥行動開始之後,凡瑞普刻意避免讓無關大局的資訊困擾部屬,會議盡量速戰速決,總部與戰場指揮官之間的通訊也盡量節制。凡瑞普致力

於創造出一個環境，讓快速認知得以發揮功用。在此同時，藍軍卻對各種資訊狼吞虎嚥。他們號稱擁有一個龐大的資料庫，收錄四萬多筆資料。他們的總部擺了一套「共同相關作戰場景」系統，以巨大的螢幕即時顯示戰場實況；來自美國政府各單位的專家隨時為他們提供意見。他們透過最先進的電腦介面，與美軍四大軍種緊密連結，互通聲息。他們隨時針對下一步動作，進行滴水不漏的分析。

然而等到第一聲槍聲響起，這些資訊全都變成累贅負擔。「我瞭解藍軍如何運用那些觀念，轉化為實際迎戰的計畫，」凡瑞普說，「但是這種做法能夠影響戰局嗎？我認為不能。分析式的決策與直覺式的決策兩者沒有絕對的優劣可言，真正會壞事的做法，是在不恰當的情況中運用這兩種決策。假設你的一個步槍連被敵軍的機槍火力壓制，這時連長召集弟兄告訴他們：『我們必須先向指揮部的參謀報告，才能夠決定下一步要怎麼做。』這就太離譜了。他應該當機立斷，展開行動，絕不能坐以待斃。如果我們像藍軍一樣，做任何事都要花一倍甚至三倍的時間，那麼開戰那場奇襲可能會延遲六到八天。整個決策過程會拖慢你的腳步。你對每一件事都條分縷析，但是無法綜觀全局。以天氣為例，指揮官不必知道氣壓、風速甚至溫度的資料，他只需要掌握天氣預報。如果你陷入資訊產生過程的泥淖，那些資訊會讓你滅頂。」

凡瑞普的孿生兄弟詹姆士也加入了陸戰隊，後來以上校退

役。和大部分熟知凡瑞普作風的人一樣，詹姆士對「千禧年挑
戰」兵棋演習的結果一點也不訝異。「有些新派的理論家主張，
只要美軍強化情報工作，對每一件事都瞭如指掌，那麼我們必勝
無疑。」詹姆士說，「但就像我哥哥常講的：『想一想，當你盯著
一副棋盤，有什麼是你看不見的？沒有。但你一定贏得了這局棋
嗎？當然未必。因為你看不見對手的思維。』有越來越多的指揮
官想要做到無所不知，結果卻被這種想法束手縛腳。人永遠不可
能無所不知。」藍軍的實力遠遠超過紅軍，這是決定性因素嗎？
詹姆士說：「就像《格列佛遊記》，大巨人被瑣細的準則、規範
與程序牢牢捆綁，而小矮人呢？他們反而能夠隨心所欲、縱橫自
如。」

「千禧年挑戰」續集

　　紅軍在波斯灣對藍軍發動奇襲一天半之後，聯合部隊指揮部
陷入一片難堪的沉寂，後來他們的參謀直接介入，讓時間倒流。
藍軍的十六艘船艦原本已經躺在波斯灣海床，如今又浮上海面。
凡瑞普在第一擊發射了十二枚戰區彈道飛彈，轟炸波斯灣地區幾
個藍軍登陸地點，現在聯合部隊指揮部通知他，這十二枚飛彈全
數被擊落，過程宛如神蹟，原因高深莫測。凡瑞普先前派出刺
客，暗殺波斯灣地區親美國家的領袖，但聯合部隊指揮部表示，
刺客任務全部失敗。

　　「開戰第二天，我走進紅軍總部，看到我的副手正在對部隊下達命令，但是命令與我們先前的規畫完全不同，」凡瑞普回想，「這些命令諸如：關掉雷達，不要干擾藍軍；調走部隊，讓陸戰隊安心登陸。我問他：『我能不能擊落陸戰隊的V-22魚鷹戰機？』他回答：『不行，一架都碰不得。』我問：『你們到底在搞什麼鬼？』他說：『長官，我剛接到指揮部的指令，要我們下達完全不一樣的命令。』第二輪演習完全是照表操課，聯合部隊指揮部未達目的，絕不罷手。」

　　「千禧年挑戰」進入續集，藍軍大獲全勝。這一回沒有奇襲，沒有考驗洞察力的難題，五角大廈的實驗完全排除了現實世界的複雜與混亂。當續集塵埃落定，聯合部隊指揮部與五角大廈的分析師們莫不歡欣鼓舞。戰場迷霧一掃而空，美國大軍轉型成功，從此五角大廈信心滿滿，把矛頭指向真實世界的波斯灣。一名作惡多端的獨裁者正威脅區域穩定，他視美國如寇讎，他有宗教力量與部族成員的堅定支持，外界咸信他包庇恐怖組織。美國必須推翻他的政權，撥亂反正，有了「CROP」、「PMESI」和「DIME」等利器的加持，美國怎麼可能會失手呢？

本章參考資訊

＊美國聯合部隊司令部「二○○二千禧年挑戰」：www.jfcom.mil/about/
experiments/mc02.htm

＊強斯頓與即興表演創作：www.keithjohstone.com/

＊語文遮蔽效應與心理學者修勒：memlabl.eng.yale.edu/PDFs/1997/
1997_Dodson_Johnson_Schooler_MemCog.pdf

＊心臟病症狀判斷研究專家哥德曼：healthpolicy.stanford.edu/standford-
ucsf-epc/members/lg.html

chapter 05

第五章

肯納的困境
詢問人們想法的正確（和錯誤）方法

剝落了這些額外的資訊而來評判肯納的音樂，
就像舉行一場不具產品測試，
要人們在百事可樂與可口可樂之間盲目做出抉擇。

搖滾歌手肯納（Kenna）是衣索比亞移民後裔，在美國維吉尼亞州的維吉尼亞海灘市長大成人。他的父親畢業於劍橋大學，是一位經濟學教授，家裡平常看的是詹寧斯（Peter Jennings）主播的新聞與有線電視新聞網（CNN）的節目，如果聽音樂，就聽鄉村歌手肯尼羅傑斯的歌曲。「我父親喜歡肯尼羅傑斯，因為他那首〈賭徒〉（The Gambler）的歌詞很有意思，」肯納解釋，「人間的事情不外就是學習教訓、金錢與世界的樣貌。我父母親希望我比他們更傑出。」肯納的叔叔不時到他家裡作客，帶給他不一樣的音樂，例如狄斯可、舞曲或麥可傑克森，但他會看著叔叔說：「好奇怪的音樂。」當時肯納酷愛滑板，他在自家後院建了一條坡道，和住在對街的男孩一起玩。有一天，肯納來到朋友的臥室，看到牆上貼著一張海報，是肯納從沒聽過的樂團。朋友送給肯納一捲 U2 樂團的專輯《約書亞樹》（The Joshua Tree）的錄音帶。肯納說：「後來我聽了太多次，把那捲錄音帶聽壞了。我真是大開眼界，從來不知道世界上有這種音樂。那時我十一、二歲，就這樣，音樂為我敞開了大門。」

　　肯納高大英俊，剃了個大光頭，留著一撮山羊鬍，很有搖滾明星的模樣，但是不會像有些明星那樣趾高氣揚、妄自尊大、裝模作樣。肯納有一種溫柔敦厚的特質，他彬彬有禮，殷勤體貼，謙虛得令人意外，說話就像一個沉靜而認真的研究生。肯納是在一場搖滾音樂會上打響名聲，當時他為一個風評極佳的樂團「不要懷疑」（No Doubt）暖場，可能是忘了向觀眾自我介紹（這是他

經紀人的說法），或者刻意不要透露身分（這是他自己的說法），
當他唱完之後，台下觀眾大喊：「你是誰？」像肯納這樣的人經常
會讓你捉摸不定，這既是引人入勝的特點，也是導致他音樂生涯
分外坎坷的原因之一。

　　肯納十五歲左右就靠自學精通鋼琴演奏。他還想學習如何
唱歌，於是去聽史提夫汪達與馬文蓋的歌曲。後來肯納參加一場
歌唱比賽，選拔會上有鋼琴可以伴奏，但是到了比賽時卻沒有，
因此他走上了舞台，清唱了一首布萊恩麥肯奈特的歌曲。肯納很
快就開始寫歌，他賺了一點錢，租了一間工作室，錄了一捲試聽
帶。肯納的音樂獨具一格──不能說怪異，但真的很不一樣。他
的作品很難歸類，有些人將他歸類為節奏藍調歌手，令他很不高
興，因為他認為這是人們對黑人歌手的刻板印象。如果你上網
搜尋幾個收錄歌曲的網站，你會發現肯納的作品有時被歸入另
類搖滾，有時又被當成電音音樂，甚至會列入「無法分類」。一
位很有見地的搖滾樂評人為了解決爭議，乾脆將他的音樂定位為
一九八〇年代英國新浪潮音樂與嘻哈音樂的混合。

　　要將肯納的音樂定位的確是個難題，不過至少在音樂生涯剛
起步的時候，他並不會特別在意這個問題。透過一位高中時期的
朋友，肯納很幸運地認識幾位音樂界的人物。肯納說：「在我的生
命中，每件事似乎都是水到渠成。」一位專門為唱片公司物色人
才的「AR人」（「AR」代表「藝人與曲目」〔Artist & Repertoire〕）

聽過他的歌之後，將試聽CD轉交給大西洋唱片公司的老闆考曼（Craig Kallman），於是肯納時來運轉。考曼以音樂狂熱份子自居，個人收藏的CD與黑膠唱片多達二十萬張，他每個星期會收到一、兩百首新作，並利用週末時間坐在家裡一首一首試聽。對於絕大多數的新人作品，他只聽五秒到十秒就知道不及格，從CD唱盤取出來。然而每週總是會有幾首新歌引起他的注意；可遇而不可求的情況則是，某位歌手或者某首作品讓考曼從椅子上跳起來。肯納就是讓他跳起來的人，他回憶說：「我一聽就著迷不已，心想我一定要見見這位歌手。我立刻請肯納到紐約來，他對著我唱歌，就像這樣……」考曼以手勢比出約六十公分寬的空間，「面對面地唱。」

有一天，肯納與一位音樂製作人朋友來到錄音室，正巧遇見威默（Danny Wimmer）這個人，他是林普斯機（Limpbizkit）樂團主唱德斯特（Fred Durst）的工作夥伴，當時林普斯機是美國最受歡迎的搖滾樂團之一，威默聽了肯納的作品，大為傾倒，立刻打電話給德斯特，當場播放肯納的〈自由時光〉（Freetime）這首歌，德斯特二話不說：「簽下他！」全世界首屈一指的搖滾樂團U2的經紀人麥金尼斯（Paul McGuinness）聽過肯納的錄音之後，請他搭飛機到愛爾蘭會面。接下來肯納用非常克難的方式為自己的一首歌拍了一部音樂錄影帶，向MTV2電視台毛遂自薦；MTV2附屬於MTV電視台，對象是比較專業的音樂愛好者。一般唱片公司為花數十萬元做行銷，想盡辦法讓MTV電視台播放他們的音樂錄

影帶，如果能播個一百次到兩百次，就算非常幸運了。然而肯納不僅是自己帶著影片上門，而且讓MTV電視台在之後的幾個月整整播放了四百七十五次。接著肯納製作了一張完整的專輯，再次送給考曼試聽，考曼也立刻分送給大西洋唱片公司所有的高層主管，他回憶說：「大家都想聽肯納，這很不尋常。」肯納為「不要懷疑」樂團暖場大獲好評之後，他的經紀人接到一通來自洛杉磯的電話，對方是當地搖滾樂迷熱中的夜總會「羅克西」（Roxy），他們邀肯納第二天晚上到洛杉磯演唱。他點頭答應，並在網站上公布這項訊息，當時已經是表演前一天的下午四點三十分。「第二天下午，我們又接到羅克西打來的電話，他們說想進場的歌迷太多了，只能請晚到者打道回府。我原本以為有一百名觀眾就很不錯了，」肯納描述，「夜總會擠得水洩不通，舞台前方的觀眾跟著一起唱，歌詞一句不漏，我也如癡如醉。」

換句話說，真正懂音樂的人（唱片公司老闆、搖滾夜總會觀眾、音樂界人士等等）會喜歡肯納。他們聽了一首肯納的作品，一眨眼之間，心中閃過：哇！更精確地說，他們聽過肯納唱歌之後，直覺認定眾多音樂消費者也會喜歡他。然而肯納就是在這裡擱淺觸礁，因為每當要印證那些音樂行家的直覺認定時，結果總是令人失望，肯納的音樂叫好但不叫座。

肯納的專輯被送到紐約，讓唱片業主管考量是否值得發行。他的作品被送往三家市場調查公司，這是唱片業的慣用手法，一

位藝人如果想打入市場，必須讓廣播電台播放自己的作品。但是廣播電台只願意播少數得到市調肯定、保證能夠讓觀眾如癡如醉的歌曲。因此唱片公司在砸下數百萬美元簽下一位藝人之前，都會先花幾千美元請市調公司測試他的作品，方法和廣播電台沒有兩樣。

有些公司會在網路上公布新歌，讓網友免費聆聽之後，再回收分析他們的評分結果。有些公司則透過電話讓消費者試聽，或者寄樣品CD給一群特定的評分者。每一首新歌最後會讓數百位聆聽者評分，多年來，這套評分系統已經發展得非常精密完備。例如設在華盛頓特區郊區的「選勁歌」（Pick the Hits）公司就募集了二十萬名不定期的評分者；評定分數從一分到四分（一分代表「我不喜歡這首歌」），一首在「最愛四十」電台（聽眾介於十八歲到二十四歲之間）播出的新歌，如果能拿到平均三分以上的成績，就有八五％的機率會一炮而紅。

肯納的歌曲就是被送到這些市調公司，但評分結果大勢不妙。加州的「音樂研究」（Music Research）公司將肯納的作品送給一千兩百人試聽，試聽者的年齡、性別與種族都經過選擇。三天之後，公司以電話進行調查，請他們為肯納的音樂評分，最低〇分，最高四分，然後將結果彙整成一本厚達二十五頁的「肯納報告」。報告的結論很客氣地表示，評分者的反應是「不甚熱烈」。以肯納的主打歌〈自由時光〉為例，聽搖滾電台的評分者給它一‧

三分，聽節奏藍調電台的評分者更是只給○・八分。「選勁歌」
公司將肯納專輯中的每一首歌都做了評分，結果只有兩首歌勉強
及格，其餘八首成績低落。這家公司的調查結論也直率得多：「身
為藝人的肯納和他的歌曲一樣，無法號召一群核心歌迷，不太可
能讓廣播電台大肆播放。」

　　後來肯納在一場音樂會的後台遇到U2的經紀人麥金尼斯，
他指著肯納說：「這位歌手即將改變世界。」這是麥金尼斯的直覺
感受，身為U2這種等級樂團的經紀人，他當然懂音樂。但是在肯
納所要的改變的世界中，人們的反應卻完全不是那麼回事。等到
各家市調公司的結果一一出爐，肯納原本前途無量的音樂生涯突
然間日暮途窮。為了讓廣播電台播放肯納的歌曲，唱片公司必須
先提出人們喜歡他的證據，然而證據就是遍尋不著。

再探第一印象

　　在《橢圓形辦公室秘辛》（*Behind the Oval Office*）這本回憶錄
中，美國政治民意調查專家莫理斯（Dick Morris）談到，一九七七
年時，他到阿肯色州會晤該州的檢察長，一位年僅三十一歲、野
心勃勃的青年才俊，名字叫柯林頓（Bill Clinton）：

　　　　我告訴他，我從一位替電影業做調查的朋友德瑞斯

納（Dick Dresner）得到這個想法：每當一部新的○○
七電影即將推出，或是《大白鯊》之類電影的續集問世
之前，電影公司會請德瑞斯特將劇情做成摘要，據此調
查民眾的觀看意願。德瑞斯特還會向受訪者唸誦電影的
各種文宣或標語，看看哪一種反應最好；有時甚至會提
供不同的結尾劇情，或者描述不同的場景選擇，讓觀眾
從中挑選。

「你要將這套方法運用到政治上？」柯林頓問。

我進一步解釋其中道理。「我們為什麼不能以這種
方式來處理政治廣告？或者政策演說？或者議題主張？
每當候選人發表一項聲明之後，我們也對選民的投票意
願做一次調查，這樣你就可以看出每一個論點會影響哪
些選民、多少選民。」

我們談了將近四個小時，連午餐都在他的辦公室裡
解決。我把自己過去做的民調拿給這位州檢察長看。他
對這套方法嘆為觀止，認為是一大利器，可以將詭譎多
變的政治轉化為科學化的測試與評估。

柯林頓當選總統之後，莫理斯繼續擔任他的核心幕僚。許
多人對於柯林頓執迷於民調很不以為然，認為違背了民選官員應

該根據理念原則來領導、行事的職責。這種批評不免失之過苛，莫理斯其實只是將企業界的觀念原封不動地引入政治圈。我們對周遭世界的反應奇妙難解且強而有力，每個人都想解讀其中奧秘。電影、清潔劑、汽車或音樂界的業者，無不希望知道人們對自家產品的看法，這也是為什麼那些熱愛肯納的唱片界人士，不願僅憑直覺感受來行事。對於群眾喜好的直覺感受，往往是難以捉摸，充滿不確定性。肯納的音樂之所以被唱片公司送到市調公司，是因為他們認定，要瞭解消費者對商品的感受，似乎直接詢問才是不二法門。

但真的如此嗎？如果我們詢問那些參加巴孚教授實驗中被預先設定為彬彬有禮的學生，為什麼他們願意在辦公室門口耐心枯等，他們將不知如何回答。如果我們詢問愛荷華大學賭徒實驗的受試者，為何他們偏愛兩疊藍牌，那麼至少在抽取八十張牌之前，他們說不出所以然來。戈斯林與高特曼先後發現，觀察一個人的身體語言、臉部表情、書架擺放或牆上圖片，遠比直接詢問更能夠瞭解他的思維。布萊登則揭示雖然人們很願意解釋自身的行為，而且說得頭頭是道，但是未必正確無誤，尤其是要解釋那些發源於潛意識、臨機應變的想法與決定。事實上，這些解釋有些根本像是空穴來風。因此當市調專家詢問消費者對某樣商品的反應，說明他們是否喜歡剛聽到的一首歌、剛看過的一部電影、剛發表演說的一位政治人物，他們的答案會有多少可信度？

　　瞭解人們對一首搖滾歌曲的反應似乎易如反掌，但事實並非如此，而且那些運用焦點團體與意見調查的專家，未必能夠體認這個事實。肯納的音樂到底有多好這個問題要追根究柢下去，就必須進一步探索我們的「瞬間判斷」的精微內涵。

百事可樂大挑戰

　　一九八〇年代早期，可口可樂公司對前景憂心忡忡。可口可樂曾經在全球無酒精飲料市場遙遙領先其他品牌，但是百事可樂一直步步進逼，雙方差距越來越小。一九七二年時，一八％的無酒精飲料消費者說他們只喝可口可樂，獨鍾百事可樂的只有四％。然後到了一九八〇年代早期，可口可樂的支持率降為一二％，而百事可樂則勁升至一一％；不過可口可樂遠比百事可容易買到，每年的廣告費用也整整高出一億美元。

　　趁著情勢大好，百事可樂公司在全美展開電視廣告攻勢，舉行所謂的「百事可樂大挑戰」，與可口可樂正面對決。廣告找來一群愛喝可樂的人，從兩只標記「Ｑ」與「Ｍ」的杯子各啜飲一口可樂。他們喜歡哪一種？結果清一色都是選擇Ｍ杯；最後廣告大剌剌地揭曉謎底，Ｍ杯裝的正是百事可樂。可口可樂公司最初的反應是質疑「百事可樂大挑戰」的公信力，然而當他們自行對兩種可樂的口味進行一對一的不具名產品測試時，卻赫然

得出類似的結果：五七％受試者偏受百事可樂，可口可樂只拿到四三％，這差距不可謂不大。畢竟市場競爭如此激烈，○・一個百分點就足以決定幾百萬美元的營收，可口可樂公司經營階層的驚慌失措不難想見。可口可樂之所以有今日的成就，秘訣一直就是從公司草創時期傳承今的著名神秘配方。然而現在證據確鑿，可口可樂已經時不我予。

可口可樂公司趕緊加快腳步，進行一連串市場調查，壞消息接二連三傳來，情勢似乎每況愈下。可口可樂公司北美地區負責人戴森（Brian Dyson）當時說：「過去讓可口可樂獨樹一格的特色，例如它的爽口感，會讓現在的消費者覺得辛辣。而且當你提及『圓潤』、『平順』這類感覺時，人們想到的是百事可樂。也許人們解渴的方式已經改變。」當年可口可樂公司的消費者市場調查部門主管史托特（Roy Stout），極力主張公司要正視「百事可樂大挑戰」的警訊，「如果我們的販賣機是對手的兩倍，貨架空間與廣告經費都超過對手，價格也很有競爭力，為什麼我們的市場佔有率還會節節敗退？」史托特要求公司高層反思，「各位看過百事可樂大挑戰的廣告之後，必須開始思考口味的問題。」

「新可口可樂」（New Coke）就在這種情形下誕生，可口可樂公司的科學家著手調整那個傳奇的秘密配方，讓可樂變得清淡一點、甜一點，向百事可樂的口味靠攏。公司的市調專家立刻察覺成效浮現；在不具名產品測試中，最初幾種改變口味的試驗性新

產品，已經能與百事可樂打成平手，於是公司的科學家繼續調整配方。一九八四年九月，可口可樂公司開始大規模測試「新可口可樂」的最終版本，範圍擴及整個北美洲的數十萬名消費者，在無數場一對一的不具名產品測試中，新可口可樂以六到八個百分點擊敗百事可樂。

可口可樂公司高層主管龍心大悅，批准新產品上市。執行長古茲維塔（Roberto C. Goizueta）在記者會上宣布推出新可口可樂時，形容這是「本公司歷來最有信心的一次行動」，而且古茲維塔的話似乎無庸置疑。公司已經以最簡單、最直接的方式詢問消費者的反應，他們明白表示不再眷戀舊可口可樂，而且對新可口可樂一見鍾情，這項產品怎麼可能失敗？

但是新可口可樂終究還是失敗了，而且一敗塗地。可口可樂的愛用者全面反彈，各地抗議聲浪風起雲湧。可口可樂公司陷入危機，幾個月之後被迫以「經典可口可樂」（Classic Coke）為名，重新推出原始配方的可口可樂，這時新可口可樂的銷售量已經化為烏有。新可口可樂預期中的成功，終歸是一場夢幻泡影；更令人驚訝的是，百事可樂原本在市調中來勢洶洶的崛起，同樣是以鏡花水月收場。過去二十年來，可口可樂公司一直以一種在口味測試中屈居下風的飲料，迎戰享有優勢的百事可樂，但可口可樂至今仍是全球無酒精飲料市場的龍頭老大。換言之，新可口可樂的故事提供了一個絕佳的範例，顯示要體察人們真正的想法，會

是何等複雜的工程。

問道於盲

　　「百事可樂挑戰」測試結果之所以難以解釋，首先是因為本質上它是一種業界所謂的啜飲測試（sip test），又稱作定點設站測試（central location test）。受試者不必喝下整罐飲料，而是從每一杯測試樣品啜飲一口，然後決定優劣。現在假設我請你試喝某種無酒精飲料，但方法稍微改變，讓你把整箱飲料帶回家慢慢喝，幾星期之後再請你提供意見；這樣一來，你對這種飲料的評價會有所不同嗎？事實證明答案是肯定的。曾經在百事可樂公司新產品研發部門工作多年的朵拉德（Carol Dollard）說：「我曾經看過許多例子，定點設站測試與家中實用測試（home-use test）的結果南轅北轍。舉例來說，在定點設站測試中，消費者可能要連續品嚐三到四種不同的產品，每種啜飲一兩口，然而臨場啜飲畢竟不同於自在地坐在家中喝完整罐飲料，有些飲料啜飲時滋味很好，但整罐喝完卻不過爾爾，因此家中實用測試才能提供最準確的資訊。受試者並不是身處於刻意設計的環境，他們窩在家裡，坐在電視機前，這種情境中的感覺最能夠反映他們對某種產品的態度。」

　　朵拉德又舉了一個例子解釋，啜飲測試會產生一種偏差，就是較甜的產品比較討好，她說：「如果只做啜飲測試，你會以為消

費者偏愛較甜的產品。但是如果要他們喝下一整罐或一大瓶，甜味可能會讓他們膩得受不了。」百事可樂確實比可口可樂來得甜，因此在啜飲測試中較佔優勢。而且百事可樂有一種明顯的柑橘風味，不同於可口可樂偏向葡萄乾與香草的氣息，那種柑橘風味雖然讓可口可樂相形見絀，但會在喝下一整罐的過程中逐漸消散。簡言之，百事可樂成分調配的著眼點，就是要在啜飲測試中旗開得勝。這是不是意謂「百事可樂大挑戰」有意欺騙消費者？絕非如此。其實我們對可樂有兩種不同層次的反應，第一種產生於小口啜飲，第二種則來自整罐喝完。為了理解人們對可樂的評判，我們必須先決定哪一種反應才是我們探討的目標。

　　第二個問題則是所謂的感覺轉移（sensation transference），這個觀念來自二十世紀最頂尖的市場調查專家契斯金（Louis Cheskin）。契斯金一九〇七年生於烏克蘭，童年時代移民美國，他深信人們在超級市場或百貨公司評估某項有意購買的商品時，會不知不覺地將自己對於產品包裝的感覺或印象，轉移到這項產品本身。從另一個觀點來解釋，契斯金相信：人們在潛意識中對產品包裝與產品本身渾然不分，產品與包裝早已為合為一體。

　　契斯金對瑪琪琳（人造奶油）做過實驗。一九四〇年代晚期，瑪琪琳的市場一直欲振乏力，消費者食用或購買的意願都相當低落，契斯金有心探討這個現象。為什麼人們不喜歡瑪琪琳？

原因在於瑪琪琳本身品質的問題，還是瑪琪琳所引發的聯想？契斯金決定追根究柢。當年的瑪琪琳是白色的，契斯金把它染成黃色，讓它看起來就像奶油。接著契斯金舉行一連串招待家庭主婦的試吃會，為了讓參與者毫無防備，因此試吃會並沒有冠上瑪琪琳之名，只是邀集一群婦女參加一場活動。馬斯騰（Davis Masten）任職於契斯金創立的顧問公司，如今已是高階經理，他回憶當年那場實驗說：「我預測那些女士會戴著白色小手套，有如參加宴會。契斯金請來主講人，當場分送試吃的食物，有些食物上有小塊的奶油，有些是瑪琪琳，不過瑪琪琳都染成黃色，試吃者並不知道有何分別。最後每位試吃者都要為主講人與食物打分數，結果大家都認為上面的奶油嚐起來還好。先前的市場調查一致認為，瑪琪琳這種產品沒有前途，但契斯金說：『我們不改用迂迴策略來探討這個問題。』」

對於如何開拓瑪琪琳銷路這個問題，答案已經浮現，契斯金建議客戶將產品改名為「皇家瑪琪琳」，在包裝紙上加上一頂氣派的皇冠。契斯金從試吃會的經驗得知，顏色是關鍵所在，客戶最好能將瑪琪琳染成黃色。接著契斯金又建議加上箔紙包裝，因為當時箔紙會讓人聯想到高品質。這些做法的確有效，進行口味測試時，顧客拿到兩塊一樣的麵包，一塊塗上普通的白色瑪琪琳，另一塊塗上箔紙包裝的「皇家瑪琪琳」，結果屢試不爽，後者得到的評價一定高於前者。馬斯騰說：「問顧客要不要箔紙包裝，根本是多此一舉，因為他們的回答總是不置可否。你只需要

問他們哪一種產品的味道比較好，藉由這種迂迴方式，你可以確實掌握顧客的購買動機。」

幾年之前，契斯金的顧問公司再度為感覺轉移做了一次漂亮的示範。他們研究兩種競爭激烈的平價白蘭地品牌——基督兄弟（Christian Brothers）與伊傑（E & J）。伊傑白蘭地經常被稱為「流浪漢的救主」，由此可見其市場形象。然而基督兄弟公司百思不解，為何他們在獨霸平價白蘭地市場多年之後，如今卻面對伊傑白蘭地的步步進逼。基督兄弟白蘭地並沒有比對手貴，也不會比較難買到，廣告經費也不相上下（其實平價白蘭地本來就不太打廣告），既然如此，為何基督兄弟還是節節敗退？

契斯金募集了兩百位白蘭地飲用者，進行一場不具名產品測試，結果兩種白蘭地得到的評價不相上下。於是契斯金進一步探究，他公司的另一位經理瑞亞（Darrel Rhea）描述：「這一回我們告訴試飲者哪一杯是基督兄弟，哪一杯是伊傑，結果基督兄弟白蘭地的滿意度立刻上升。」顯然顧客對於基督兄弟品牌的正面聯想強過對於伊傑。這項發現讓問題益發棘手；既然基督兄弟的品牌形象勝過伊傑，為何市場佔有率會每況愈下？瑞亞說：「於是我們再找來兩百位民眾試飲，並將兩種品牌的酒瓶放在現場，我們並沒有問受試者對包裝的意見，但酒瓶就擺在那裡。結果如何？伊傑白蘭地反敗為勝。基督兄弟的問題因此水落石出，問題不在於品質，也不在於品牌，而在於包裝。」瑞亞拿出兩種白蘭地當

年的照片，基督兄弟中規中矩，瓶頸細長，商標圖案是簡單的灰
白底色。相較之下，伊傑的酒瓶遠比基督兄弟華麗，瓶身較為矮
胖，類似餐桌酒瓶，材質是煙灰色玻璃，瓶口包裹著箔紙，加上
一張繁複的深色商標圖案。為了證明自家觀點，瑞亞再找來兩百
名酒客進行試飲，這一次將兩種白蘭地的酒瓶對調，結果何者勝
出？裝在伊傑酒瓶中的基督兄弟白蘭地大獲全勝，差距之大超過
以往任何一次試飲，因為它們的口味、品牌與包裝都恰到好處。
後來基督兄弟公司就以伊傑為藍本，重新設計酒瓶，銷路不振的
問題果然迎刃而解。

　　契斯金的顧問公司位於舊金山郊區，我做完訪談之後，馬斯
騰與瑞亞帶我到同一條街的諾布希爾（Nob Hill）超市，這裡燈光
明亮、空間寬敞，是典型的美國城市郊區生鮮超市。進門時馬斯
騰說：「我們對每一條走道的產品都做過研究。」迎面而來的是
飲料區，瑞亞俯身拿起一罐七喜（7-Up）汽水說：「以七喜為例，
我們設計出幾種包裝，發現如果在綠色部分加進一五％黃色，人
們會覺得喝起來有很重的萊姆或檸檬味道，而且很不高興地說：
『你們亂搞我的七喜，不要拿新可口可樂那一套來胡搞。』其實產
品本身原封不動，但是改變瓶子卻能將不一樣的感覺轉移給消費
者，而且在這個案例中產生反效果。」

　　我們從冷飲區逛到罐頭食品區。馬斯騰拿起一罐大廚波亞迪

義大利餃（Chef Boyardee Ravioli），指著包裝上的廚師照片說：「這位大廚的名字叫海克特（Hector），我們經常看到這種以人物為名的食品品牌，例如賣爆米花的瑞登巴赫（Orville Redenbacher）、賣各種食品與食譜的柯洛克（Betty Crocker），還有聖美多（Sun-Maid）葡萄乾包裝上的少女。這種品牌有一個大原則：消費者與食品本身的距離越近，心態也會越保守。就海克特的例子而言，原則上他的形貌必須具備可信度與親和力，通常臉部特寫照片會比全身討好。我們對海克特做過幾項試驗，改變商標人像會不會讓這種義大利餃嚐起來更美味？最常用的手法就是變形，以攝影技術將人像卡通化。結果我們發現，越是將海克特的人像卡通化，他給人的感覺就越抽象，傳達義大利餃風味的效果也就薄弱。」

馬斯騰拿起一罐荷美爾（Hormel）罐裝肉說：「我們也測試過荷美爾的商標。」他指著商標上「r」與「m」兩個字母間的荷蘭芹細枝說：「小小一片荷蘭芹，也會賦予罐裝食品滋味新鮮的感覺。」

瑞亞拿起一罐經典牌蕃茄醬，談到不同容器會傳達不同的意義：「戴蒙特（Del Monte）公司將桃子從馬口鐵罐拿出來、裝進玻璃瓶中時，人們會說：『啊，我祖母就是這樣醃桃子的。』而且覺得玻璃瓶裝的桃子比較好吃，道理就像裝在圓盒的冰淇淋會勝過裝在方盒。人們期待新包裝會讓食品更加美味，而且願意為此多付五分錢、十分錢，甚至更大的差價。」

馬斯騰與瑞亞的職責就是建議一家公司如何操縱顧客的第一印象；的確，他們的做法難免令人感到不安。如果你將巧克力碎片冰淇淋中的巧克力份量加倍，然後在包裝上註明：「新產品！更多的巧克力碎片！」再將價格提高五分到十分錢，這應該是誠實公平的做法。可是如果你只是將冰淇淋從方盒換成圓盒，然後就要提高價格，這似乎有欺騙消費者之嫌。然而仔細想想，這兩種做法實質上並沒有差異。我們願意多花一點錢買美味的冰淇淋，而多加巧克力與換成圓盒子其實產生了同樣的效果，都讓冰淇淋更美味。的確，我們的意識只能察覺前者，無法偵知後者，但這又有什麼關係？誰規定冰淇淋公司只能藉由意識層面的手法來獲利？你也許會說：「這些公司躲在我們背後搞鬼。」然而躲在我們背後的到底是什麼？是冰淇淋公司？還是我們的潛意識？

馬斯騰與瑞亞都不認為巧妙的包裝能夠讓一家公司以劣質的食品魚目混珠，產品本身的滋味仍然關係重大。他們只是要強調一點：**當我們把某種食物放進嘴裡，並且在一瞬間判斷它的滋味是否美好時，我們根據的訊息不僅來自味蕾與唾腺，也來自眼睛、記憶與想像力。**一家公司如果只顧此而失彼，那就太愚不可及了。

從這個觀看來看，可口可樂公司的「新可口可樂」犯下的錯誤更值得大書特書。過度倚賴啜飲測試固然是不智之舉，不具名產品測試的觀念本身更是荒謬。可口可樂公司大可不必在意舊可

口可樂在不具名產品測試中的劣勢，我們也不必訝異為何百事可樂的測試優勢會雷聲大雨點小。道理何在？因為在現實世界中，沒有人閉著眼睛喝可口可樂。對於可口可樂的品牌、形象、包裝，甚至它商標上最顯眼的紅色，我們會興發各種聯想，並轉移進入我們對可口可樂滋味的感覺。瑞亞說：「可口可樂公司的錯誤在於，將市場失利完全歸咎於產品本身，其實品牌形象對可樂而言非常重要，但可口可樂公司無視這一點，他們的決策都只是在產品本身動腦筋。相較之下，百事可樂公司卻能夠鎖定年輕世代，請來麥可傑克森當代言人，並且採取有益品牌形象的行動。儘管消費者在啜飲測試中會偏愛較甜的飲料，但這種測試並不能決定他們購買何種產品。可口可樂公司的問題錯就錯在他們被那些技術人員牽著鼻子走。」

所謂的「技術人員」是否也主宰了肯納音樂的市場命運？市調專家認為他們只需透過電話或網際網路播放肯納的一首歌或其中片段，記錄試聽者的評價反應，就足以準確預測廣大音樂消費者會如何看待肯納的歌曲。在他們看來，音樂愛好者都能夠在短短幾秒之內對一首歌進行薄片擷取，因此他們的作業方式當然正確無誤。然而，進行薄片擷取必須顧及環境脈絡。我們能夠快速診斷一椿婚姻的發展狀況，但方法絕不是觀看一對夫妻如何打桌球；你必須觀察他們討論與婚姻切身相關的問題，才能看出其中端倪。我們也能夠藉由薄片擷取一小段對話，來預測一名外科醫

師被控告醫療過失的風險，但前提是對話的雙方是醫師與病人。

　　所有賞識肯納的人，都處身於這種環境脈絡之中：「不要懷疑」樂團演唱會與羅克西夜總會的觀眾曾經親炙肯納的魅力；大西洋唱片公司老闆考曼請肯納到他的辦公室，為他高歌一曲；林普斯機樂團的主唱德斯特，由於他所信賴的工作夥伴興奮莫名，因此接觸到肯納的音樂；MTV電視台的觀眾看過肯納的音樂錄影帶，食髓知味，一再點播。剝落了這些額外的資訊而來評判肯納的音樂，就像舉行一場不具名產品測試，要人們在百事可樂與可口可樂之間盲目做出抉擇。

死亡之椅

　　幾年之前，家具製造商赫曼米勒公司（Herman Miller）聘請一位工業設計師史唐普夫（Bill Stumpf）設計一款辦公室椅子。雙方先前已經有過合作經驗，最成功的案例是兩款分別名為「厄岡」（Ergon）與「伊夸」（Equa）的椅子。然而史唐普夫並不滿意，雖然兩件作品都賣得很好，但史唐普夫覺得「厄岡」有點笨拙，不甚成熟；「伊夸」好一點，但後來被其他同業反覆抄襲，已經喪失特色。史唐普夫說：「我以前設計的椅子都是一個模子出來的，因此我希望這回能做出不一樣的成果。」他將新作品命名為「艾隆」（Aeron）。「艾隆」的故事將告訴我們，**在衡量人們對事物反應的**

時候，還會面臨第二個更深層的問題：我們很難正確詮釋自己面對陌生事物時的感受。

　　史唐普夫的設計理念，是要做出一張最合乎人體工學原理的椅子。他在設計「伊夸」時曾試著發揮這個理念，但「艾隆」要精益求精。例如椅背與座墊之間的連結方式就必須大費周章，一般的椅子都只用簡單的鉸鏈，讓坐的人可以向後仰；但鉸鏈有個問題，因為椅子轉動的方式和我們的髖部很不一樣，因此當我們身體傾斜時會把襯衫的下襬拉出來，並對背部造成過大的壓力。「艾隆」則別出心裁，座墊與椅背各自憑藉一套複雜的機制獨立運作。不僅如此，赫曼米勒的設計團隊要求扶手必須可以自由調整，於是決定將扶手與椅背相互連結，而不是像一般的椅子那樣嵌進座墊中。此外設計團隊希望盡可能加強肩膀的支撐，因此椅背做成上寬下窄，與大部分椅子的下寬上窄相反。最後，設計團隊期盼這張椅子能讓案牘勞形的人們坐得安穩舒適。「我看過麥桿墊與柳條編織之類的材質，」史唐普夫說，「我向來討厭以布料覆蓋泡綿，因為感覺又熱又黏。皮膚是一種會呼吸的器官，我一直想找像麥桿墊一樣透氣的材質。」最後史唐普夫採用一種特別訂製的彈性網狀材質，只有薄薄一層，緊緊裹住椅子的塑膠骨架。透過這層網狀物，你可以清楚看到座墊下方的控制桿、各種裝置與塑膠配件。

　　赫曼米勒有多年製造和銷售椅子的經驗，他們發現消費者

在選購辦公椅的時候，大多會不由自主地看上最能表彰地位的款式，座墊厚實、椅背高聳，有如國會議員或君王的寶座。但「艾隆」的模樣正好相反：整體纖細而透明，混合了黑色塑膠、怪異疙瘩和有如巨大史前昆蟲外骨骼的網狀物。「美國人對舒適的定義幾乎就等同於樂至家具（La-Z-Boy）的休閒躺椅，」史唐普夫說，「德國人常嘲笑美國人，說他們的汽車座墊越厚越好。我們對柔軟有一種執迷。我常想到迪士尼裏在米老鼠手上的手套，如果讓我們看到牠的爪子，米老鼠就不會有人喜歡了。現在我們設計理念，就是要挑戰這種柔軟才舒適的概念。」

　　一九九二年五月，赫曼米勒開始進行「實用測試」，他們帶著原型產品到密西根州西部的幾家公司，請每位試坐者至少坐上半天。測試初期的反應並不理想，赫曼米勒公司請試坐者以一到十分為新椅子的舒適感評分，十分代表感覺完美。公司至少要拿到七・五分才能安心推出產品，但是「艾隆」的早期原型產品平均只拿到約四・七五分。赫曼米勒的一名員工開了一個小玩笑，在一張紙上畫上「艾隆」，弄成超市小報的樣子，然後加上標題：「死亡之椅：坐者必死」，作成「艾隆」早期研究報告的封面。人們看到「艾隆」的纖細骨架，總擔心它是否支撐得了自身體重；看到它的網狀表面，又會懷疑它坐起來是否舒適。當年赫曼米勒研究設計部門的資深副總裁哈維（Rob Harvey）說：「要讓人們安坐在怎麼看都不對勁的椅子上，十分困難。如果你的椅子框架纖細，人們會認為它無法支撐，坐上去時瞻前顧後。坐椅子是一件

非常私密的事情，身體要與一張椅子密切接觸；因此這方面有許多相關的視覺暗示，例如溫度與硬度，都會影響人們的感受。」後來赫曼米勒調整設計，推出更新、更好的原型產品，讓人們得以克服疑慮不安，「艾隆」的分數也逐漸上升。等到赫曼米勒準備讓它問世的前夕，「艾隆」的舒適度已經達到八分，這是一個好消息。

那壞消息呢？壞消息是幾乎每個人都覺得這張椅子醜陋不堪。杜威爾（Bill Dowell）當時負責「艾隆」的市調工作，他說：「從一開始，它的美感分數就遠遠落後舒適性分數，這種現象非常特殊。我們曾經讓數千人試坐椅子，舒適性與美感一直有很強的關聯性。『艾隆』卻是特例，它的舒適性超過八分，但美感在一開始只有兩、三分，後來推出的一系列原型產品也過不了六分大關。我們大惑不解，而且憂心忡忡。以前『伊夸』那款椅子雖然也很有爭議性，但消費者對它的造型之美可沒有什麼異議。」

一九九三年年尾，赫曼米勒在正式推出「艾隆」的前夕，於全美各地舉行焦點團體座談會，蒐集關於訂價與行銷的意見，並確認產品的概念廣受各方接納。公司首先召集建築師與設計師開會，這些專家對「艾隆」的接受度還不錯。「他們瞭解這張椅子有多麼先進，」杜威爾說，「就算它的外型不敢苟同，他們也知道這是不得不然。」接著赫曼米勒向各企業總務主管與人體工學專家介紹「艾隆」；一張椅子是否能大發利市，最終還是要由這

些人決定。

　　這一回的反應令人寒心刺骨。杜威爾說：「他們完全看不出『艾隆』有何美感可言。」許多與會者認為企業界客戶不可能買這種椅子。有一位總務主管將「艾隆」比作草地家具或老式的汽車座椅，還有人說它好像是來自電影《機器戰警》，另一位專家形容它似乎完全是由再生材料製造。「我記得有一位史丹佛大學教授，他肯定『艾隆』的觀念與功能，但是建議我們回去繼續設計『增進美感的原型產品』，」杜威爾回憶道，「我們一行人站在玻璃窗後面說：『哪會有什麼增進美感的原型作品！』」

　　現在請各位設身處地為赫曼米勒想一想：你致力於研發一項全新的產品，花了大筆經費調整你的家具生產線，而且準備要花更多錢精益求精，諸如讓「艾隆」的網狀表面坐起來更舒適。但是，現在你發現人們不喜歡這層網狀構造；事實上，人們根本受不了這款椅子的外觀。你在家具業闖盪多年，早就知道消費者不會買他們看不下去的椅子。總而言之，你該怎麼辦？你可以完全放棄這款椅子；你可以重新設計，在它的表面漂漂亮亮鋪上一層大家熟悉的泡綿；但你也可以相信直覺，勇往直前。

　　赫曼米勒公司走上第三條路，他們勇往直前，結果呢？剛開始反應平平，畢竟「艾隆」是一張醜陋的椅子。然而過了不久，

「艾隆」在設計界最前衛的圈子中引起注意，贏得美國工業設計師協會的十年最佳設計獎。在加州與紐約，在廣告界與矽谷，「艾隆」風靡萬眾，正好呼應新經濟世代極簡的美學風格。「艾隆」開始在電影與電視廣告現身，它的形象就這樣紮根、成長，然後開花結果。一直到九〇年代晚期，「艾隆」的銷售額持續以每年五〇％到七〇％的速率成長。赫曼米勒的主管赫然發現，「艾隆」是該公司創立以來賣得最好的一張椅子。不久之後，「艾隆」也成為歷來最多人模仿的辦公椅。每家公司都想做出像「艾隆」那樣有如史前巨型昆蟲外骨骼的椅子。今日「艾隆」的美感分數如何？八分。醜小鴨變成天鵝。

在不具名產品啜飲測試中，第一印象之所以派不上用場，是因為這種測試方式悖離了人們喝可樂的習慣，因此不適合做為可口可樂的薄片擷取。「艾隆」的案例則稍有不同，獲取消費者第一印象的做法失敗的原因，在於表述第一印象的人誤解了自身的感覺。他們雖然聲稱討厭「艾隆」，但真正的意思是這款椅子太新穎、太不尋常，讓他們很不習慣。這個道理並非一體適用，例如福特汽車公司一九五〇年代著名的敗筆「艾德索」（Edsel），這款車推出後一蹶不振，是因為人們覺得它的模樣怪異。「艾德索」問世兩、三年後，並沒有哪家車廠依樣畫葫蘆，這和「艾隆」廣受模仿的情形很不一樣。「艾德索」一問世就醜，到後來還是醜，電影業也有類似的情形，有些片子讓觀眾第一次看的時候就倒盡胃口，兩、三年後這種感覺還是沒有改變，失敗之作永遠都是失

敗之作。真正的差別在於，有些事物是因為本身較為奇特，才會
被我們討厭嫌棄。這些事物太過獨具一格，令我們不安，過了一
段時間之後，我們才了悟自己其實喜歡這些事物。

「在產品研發這個圈子，你全神貫注在自己的作品上，很難
體認到一樁事實：外面世界的顧客不會對你的產品花多少時間，」
杜威爾說，「他們當場感受這項產品帶來的經驗，但是對它的研
發歷程一無所知，很難想像它未來的可能變化，尤其是那些非常
特殊的產品。『艾隆』的情況就是如此。在一般人心目中，辦公
椅有特定的美感形象，坐墊厚實，整體包覆。『艾隆』當然與眾
不同，外觀獨樹一幟，感覺非常陌生。也許『醜陋』這個字眼其
實意味著『奇特』。」

市場調查的問題在於，它是一種無法有效區分何種產品實
屬品質低劣、何者只是與眾不同的工具。一九六〇年代晚期，電
視劇作家李爾（Norman Lear）製作了一部電視情境喜劇《全家
福》（*All in the Family*）。這部影集與以往的電視喜劇迥然不同，
它風格尖銳，涉入政治，大膽探討當時電視界迴避的社會議題。
李爾向美國廣播公司（ABC）電視網推銷這部影集，公司在好萊
塢一家劇院舉行試映會，精挑細選找來四百名觀眾，他們看完後
填寫問卷，給予這部喜劇的評價有「非常沉悶」、「沉悶」、「尚
可」、「良好」以及「非常好」，統計結果再換算成滿分為一百的

分數。非喜劇的及格分數是六十五分至七十分，喜劇要求更高，至少要七十五分。結果《全家福》只拿到四十來分，於是ABC婉拒播出。李爾轉而與哥倫比亞廣播公司（CBS）電視網洽談，他們以自家的市調機構「節目分析師」（Program Analyzer）進行測試，觀眾分別接下紅色鈕與綠色鈕，記錄自己對節目的印象；測試結果同樣不如人意。市調部門建議將男主角邦克改寫為一個語調溫和、關心子女的好爸爸。後來CBS播出第一季的《全家福》之前，連宣傳廣告都省了，何必費事？這部影集之所以能問世，完全是因為CBS董事長伍德（Robert Wood）與節目部經理席佛曼（Fred Silverman）對它青睞有加，而且CBS當時在市場上呼風喚雨，不在乎冒這一點險。

同一年，CBS也在考慮另一部新喜劇影集，由瑪麗泰勒摩爾領銜演出。這部影集也是別出心裁，主要人物瑪麗是年輕單身女性，但與以往電視影集女主角大不相同，她的興趣不在結婚成家，而是追求個人事業。CBS再度運用「節目分析師」試映這部影集的第一集，結果慘不忍睹。主角瑪莉「毫無觀眾緣」，她的鄰居蘿達「太咄咄逼人」，另一位重要角色菲莉絲「缺乏可信度」。這部影集《瑪麗泰勒摩爾秀》（*Mary Tyler Moore Show*）之所以免於胎死腹中，完全是因為CBS在試映前就已排定播映檔期。為席佛曼寫傳記《電視界奮鬥史》（*Up the Tube*）的史密絲（Sally Bedell Smith）指出，「如果《瑪麗泰勒摩爾秀》純屬試播節目，排山倒海而來的負面評語早就把它埋葬了。」

換句話說，《全家福》與《瑪麗泰勒摩爾秀》在電視界，就如同「艾隆」辦公椅在家具界。兩部影集後來成為電視史上最成功的作品，情勢很快就撥雲見日，它們並不是讓觀眾討厭，而是出乎觀眾意料之外。CBS市調專家運用的那一套技術雖然冠冕堂皇，但卻完全無法區分這兩種天差地別的感受。

當然，市場調查並非一無是處。如果《全家福》向傳統影集靠攏，如果「艾隆」只是前代椅子的小幅改進，那麼消費者的反應就不至於如此霧裡看花。然而測試真正革命性的產品或概念卻是另一回事。**頂尖的企業都瞭解，對於消費者面對革命性產品或概念的第一印象，必須深入詮釋，不能只看表面。**我們樂於運用市場調查，因為它能夠提供確定性，有分數、有預測；如果別人問我們為何如此決定，我們可以列舉數據說明。但事實上，面臨某些最重要的決策時，確定性根本不存在。肯納的歌曲在市場調查中成績欠佳，那又如何？他的音樂就是那麼新穎且獨特。然而最容易被市場調查埋沒的，正是肯納的這種特質。

專業素養的優勢

在一個風和日麗的夏日，我與兩位女士希薇爾（Gail Vance Civille）和海爾嫚（Judy Heylmun）共進午餐，她們在新澤西州開了一家感官光譜（Sensory Spectrum）公司，營業項目就是品嚐食

品。舉例來說，如果菲多利（Frito-Lay）公司計畫推出一種新的玉米片，她們必須知道這種新玉米片與其他玉米片的相對關係：它與該公司其他的多力多滋玉米片有何差異？和鱈魚角（Cape Cod）公司的玉米片相比如何？口味要不要再鹹一點？希薇爾與海爾嫚專門解決這些問題。

當然，和專業的食物品嚐家共進午餐，難免讓人七上八下。我考慮很久才選定地點，在曼哈頓市區一家名叫馬德里的餐廳，這地方光是瀏覽本日特餐就要五分鐘。我抵達餐廳的時候，希薇爾與海爾嫚早已坐定，她們是格調高雅、衣著端莊的職業女性。她們已經和侍者談過，希薇爾憑記憶告訴我今日特餐。大家點菜時都是考慮再三，海爾嫚點了義大利麵、撒上芹菜與洋蔥的烤南瓜濃湯、鮮奶油水果派，以及搭配南瓜丁、煎鼠尾草、烤南瓜子與剝殼豆的燉燻肉。希薇爾先點一客沙拉，然後是愛德華王子島胎貝與馬尼拉蛤蜊混煮的燉飯，最後則是一道墨魚；馬德里餐廳的菜色總是相當豐盛繁複。點完菜之後，侍者送來一只湯匙，讓海爾嫚喝湯，希薇爾舉起手再多要一支，對侍者說：「我們所有的食物都是一起吃。」

「你應該見識見識我們公司員工出去吃飯的光景，」海爾嫚說，「我們拿起麵包盤，一個傳一個，到最後你吃到的只有一半是你自己點的餐，另一半則是來自每個人點點滴滴的捐獻。」

　　湯上來了，兩位女士開始品嚐。「噢，棒極了，」希薇爾說，眼睛向上一翻，把湯匙遞給我：「嚐嚐看。」海爾嫚與希薇爾都是小口小口快速地吃，邊吃邊說話，不時打斷對方，像一對默契十足的老友，而且不斷轉換話題。她們趣味橫生，講話雖然快如連珠砲，但是完全不妨礙進食。其實應該反過來講：她們講話似乎只是為進食助興，每吃一口食物，臉上就浮現專注享受的表情。海爾嫚與希薇爾不只是品嚐食物，她們還思索食物、夢想食物。與她們共進午餐，就像陪馬友友選購大提琴；或者像在某天早上造訪亞曼尼（Giorgio Armani）府上，看他如何決定當天的衣著。「我先生說，和我一起過生活，好像永遠在品嚐食物，」希薇爾說，「家裡每個人都快被我煩死了，總是叫我不要再說了！你還記得電影《當哈利碰上莎莉》在熟食店的那一幕嗎？當我嚐到真正美味的食物，反應就是那樣。」

　　侍者送上甜點：法式焦糖布丁、芒果牛奶凍、巧克力牛奶凍、草莓加番紅花香料、甜玉米和香草果凍。海爾嫚點了香草東凍與芒果牛奶凍，不過對法式焦糖布丁也考慮再三，她說「焦糖布丁可以考驗一家餐廳的功力，關鍵在於香草的品質，我不喜歡焦糖布丁裡面摻別的東西，因為那樣你就無法徹底品嚐每一種成分的品質。」希薇爾點的義式濃縮咖啡來了，她微微啜飲一口，臉上閃過一道幾乎無法覺察的抽搐，「還可以，不是非常好，」她說，「該有的清香都不見了，味道呆板了一點。」

　　海爾嫚開始暢談所謂的「再加工」，食品工廠以這種手法回收前一批產品剩餘或淘汰的材料，混入下一批產品之中。她說，「給我幾片餅乾，我不僅可以告訴你是哪家公司做的，還可以指出他們用了那些再加工手法。」希薇爾加入話局，她說她前一天晚上吃了兩種餅乾，都是相當有名的品牌，「我吃得出來廠商做過再加工，」她邊說邊做鬼臉，「我們花了好多年時間培養這些技巧。整整二十年，就像醫學訓練一樣。先當實習醫師，然後升格為住院醫師。你反覆練習嘗試，直到你可以看著某樣產品，很客觀地指出它有多甜、有多苦、加了多少焦糖、柑橘類水果的風味有多少；談到柑橘水果，你還得再細分出檸檬、萊姆、葡萄柚與柳橙。」

　　換句話說，海爾嫚與希薇爾都是專家，那麼她們會不會被「百事可樂大挑戰」愚弄？當然不會。她們不至於被「基督兄弟」白蘭地的包裝誤導；對於「討厭」和「奇特」這兩種感覺，她們也沒有那麼容易混為一談。專業素養使她們具備一大優勢，比一般人更瞭解自身的潛意識如何運作。這是肯納的遭遇帶給我們的最後一項、也是最重要的心得，讓我們明白一味聽信市調公司對肯納音樂的調查結果，忽略音樂圈人士、羅克西夜總會的觀眾、MTV2電視台觀眾的熱烈反應為何是大錯特錯。專家的第一印象總是異於常人：這並不是要強調專家的品味與眾不同，雖然實情也是如此，**當我們成為某方面的專家，我們的品味也會變得更為獨特與複雜**。我想強調的是：在解釋自身的直覺反應時，只有專

家才能夠鞭闢入裡。

　　心理學者修勒與威爾森做過一項實驗，巧妙地揭示了這種差別。實驗的主題是草莓醬，《消費者報導》（*Consumer Reports*）雜誌請來一群食品專家，根據非常明顯的口味與質感標準，評比四十四種品牌的草莓醬，分數由高到低一一列出。威爾森與修勒挑出第一名的諾特草莓園（Knott's Berry Farm）、第十一名的阿法貝塔（Alpha Beta）、第二十四名的輕盈（Featherweight）、第三十二名的頂尖（Acme）與第四十名的索瑞山脈（Sorrell Ridge）五種果醬，拿給一群大學生品嚐。先看一個問題：大學生的評比與食品專家會有多大差距？答案是相去不遠，大學生將「阿法貝塔」列為第一，「諾特草莓園」降為第二，與專家的排序相反。雙方都將「輕盈」排在第三，也都認定「頂尖」與「索瑞山脈」較前三者遜色多了；只不過專家覺得「索瑞山脈」比「頂尖」還差，和大學生的意見相左。科學家以相關性（correlation）來衡量兩種結果之間的近似性，大學生評比與專家評比的相關性是〇‧五五，算是相當高。也就是說，我們對於品味果醬相當有一套，就算不是果醬專家，也嚐得出其好壞。

　　但是如果我給你一份問卷，請你列舉自己分辨果醬優劣的依據，這會有何影響？影響可大了。威爾森與修勒請另一群學生在評比時寫下依據，結果他們將專家心目中第一名的「諾特草莓園」

打入倒數第二名，將專家最不欣賞的「索瑞山脈」擢升為第三；雙方人馬評比的相關性降到〇・一一，低得不能再低。這個現象與我在上一章提到的修勒另一項實驗異曲同工，**反省思考會破壞一個人解決洞察力問題的能力。威爾森與修勒藉由誘發思考，使人們無法辨別果醬的優劣。**

然而，上一章只論及會傷害我們解決問題能力的因素，這裡探討的則是喪失另一種更為基本的能力，也就是我們理解自身心靈的能力。進一步來看，我們可以藉由草莓醬的案例，更確切地解釋為何反省思考會混淆直覺反應。其原因在於，我們根本沒有辦法表述自己對草莓醬的感受。我們潛意識知道哪一種草莓醬好吃——就是「諾特草莓園」，但是突然間我們必須援用一系列的術語，把產生這些感受的緣由說清楚，而且這些術語對我們而言並沒有意義。舉例而言，「質感」這個字眼是什麼意思？我們可能從來沒想過草莓醬有何質感可言，也不瞭解它的含意為何；更深一層看，我們向來不會特別注意這個概念。然而現在「質感」被植入我們心中，我們越想越覺得眼前這罐草莓醬的質感確實有點奇怪，恐怕根本不是我們喜歡的味道。正如威爾森所說，我們是先找出一個理由來解釋自己為何喜歡或討厭某件事物，然後再依據這個看似可信的理由，來調整我們真正的愛憎感受。

可是果醬專家在表述自身的感受時，並不會遭遇這種問題。專業的食物品嚐家熟稔一套特定的語彙，因此能夠精確描述自己

對某種食物的反應。例如美乃滋的外觀有六項標準（顏色、顏色
飽和度、顏色濃度、亮度色澤、塊狀感與氣泡），質感有十項因
素（黏唇性、稠密度等等），滋味則有分屬於三個範疇的十四項
重點：香氣（蛋味、芥末味等等）、基本味道（鹹、酸、甜）與
化學成分口感（灼熱、刺激、澀味）。每一項因素都以一到十五
分來評定。舉例來說，如果我們要描述某種食物的口感，我們可
以先評定它的滑順感，〇分代表一點也不滑順，十五分代表極為
滑順。嘉寶（Gerber）嬰兒食品的牛肉與牛肉汁只有兩分，惠特
尼（Whitney）公司的香草優格七・五分，卡夫（Kraft）公司的奇
妙沙拉醬（Miracle Whip）則高達十三分。如果你品嚐的某種食物
滑順感不如奇妙沙拉醬，但勝過惠特尼的香草優格，那麼你可以
給它打十分。再以酥脆感為例，桂格公司的低脂巧克力燕麥嚼勁
餅只有兩分，奇寶俱樂部夥伴餅乾（Keebler Club Partners Crackers）
五分，家樂氏玉米片則高達十四分。超市貨架上的每一種產品都
可以依樣畫葫蘆來品頭論足。一位食物品嚐家在從事評比工作多
年之後，這些規則已經銘刻在他的潛意識之中。海爾嫚說：「我們
剛做完奧利奧（Oreo）餅乾，從外觀、滋味與質感三個方面，分
成九十個評分項目，」接著她沉吟不語，我看得出來她正在重新
回味奧利奧餅乾的滋味，「結果顯示可能有十一種因素必須特別
注意。」

潛意識反應來自心中一個深鎖的房間，我們無法直接窺探房
中天地，但是我們能夠藉經驗之助而成為專家，能夠運用自身的

行為與訓練，來詮釋解析瞬間判斷與第一印象背後的奧秘。這與
心理分析有異曲同工之妙：接受心理分析的人，在專業治療師的
協助之下，經年累月地分析自己的潛意識，到後來也能夠一窺自
己心靈運作的堂奧。海爾嫚與希薇爾就是這樣一路走來，只不過
她們分析的不是情感情緒，而是自己品嚐美乃滋與奧利奧餅乾的
感受。

　　所有的專家都有這番本事，只不過施行時或顯或隱。高特曼
不滿意自己對夫妻關係的直覺反應，因此他為數千對佳偶怨偶錄
影存證，條分縷析每一秒鐘的畫面，並將所有資料輸入電腦，因
此如今他可以坐在餐廳中任何一對夫妻旁邊，信心滿滿地對他們
的婚姻進行薄片擷取。網球教練布萊登苦惱自己能夠預測雙發失
誤，卻百思不解個中原因，如今他與一群生物力學專家合作，拍
攝職業選手發球過程，並以數位技術處理影片，要找出這些選手
的發球動作到底有何破綻，讓他的潛意識一眼即能看穿。古希臘
藝術專家霍溫為何能在乍見之下的兩秒鐘，鐵口直斷蓋提美術館
的少年立像是贗品？因為霍溫先前已經見識過無數古代雕像，深
知如何理解、詮釋心中閃現的第一印象。「我在紐約大都會博物
館工作的第二年，非常幸運地能夠追隨一位歐洲來的主任，他帶
著我一步一步走過來，」霍溫說，「我們每天晚上都會到儲藏室，
把文物從箱子裡拿出來放在桌子上。儲藏室裡有數千件文物，我
們每天都忙到晚上十點鐘，做的可不是例行性的簡單檢查，而

是仔仔細細地研究每一件文物。」經過無數個儲藏室的夜晚，霍溫也在潛意識中建構出一座資料庫，他學習如何讓自己對某件文物的感受，以及對其風格、背景與價值的理解，兩者相互映照呼應。**每當我們進入自己擅長的領域，面對自己關注的事物時，過往的經驗與當下的熱情將會根本改變我們第一印象的本質。**

　　這並不是說一旦涉足自身不具熱情與經驗的領域，我們的直覺反應就必錯無疑。這類反應的問題在於較為膚淺、難以言詮、易受干擾，背後缺乏真實的理解。例如，你真以為自己能夠精確描述可口可樂與百事可樂的差異嗎？其困難度高得令人咋舌。希薇爾與海爾嫚之類的食物品嚐家，運用所謂的「差異度」分數來衡量同一個領域的產品，最高十分，最低一分。差異度十分意謂兩種產品迥然不同，一分或兩分多半意謂著同一品牌產品因為製造過程而產生的差異。舉例來說，魏氏（Wise's）與樂事（Lay's）兩種品牌同一口味的洋芋片，差異度是八分（「天啊，它們差別太大了，」海爾嫚說，「魏氏的味道深沉，樂氏比較均勻而清淡。」）差異度五分到六分的產品在大同之中仍可嚐出小異。然而可口可樂與百事可樂的差異度只有四分，有時候還更低一點，尤其是當可樂放久一點，二氧化碳散掉一點，香草味變得更明顯、帶點酸味之後。

　　因此，當我們受邀對可口可樂與百事可樂品頭論足，我們的意見大部分都是聊勝於無。我們可以表達個人喜好，泛泛而論二

氧化碳、風味、甜度、酸度等種種因素，然而在差異度只有四分的情形下，只有真正對可樂有透徹研究的行家，才能分辨兩種無酒精飲料的細微差異。

我想各位讀者一定有人大不以為然，尤其是那些死忠的可樂迷，他們會認為我欺人太甚，有自信能將可口可樂與百事可樂分得一清二楚。好吧，姑且承認你的確分得清楚這兩種差異度只有四分上下的可樂，我甚至鼓勵你自我測試，請一位朋友幫忙，各倒一杯可口可樂與百事可樂，讓你品嚐分辨一番。假設你通過這關測試，恭喜。接下來我們再測試一次，這一回方法略有不同，準備三個杯子，其中兩杯裝同一種可樂，第三杯裝另一種，這在飲料業稱為「三角測試」。這一回我不要求你辨別何者為可口可樂、何者為百事可樂，我只請你嚐出哪一杯可樂與另外兩杯不同。信不信由你，這種分辨工作極為困難，如果找一千人來測試，大約只有三分之一能猜對，與全憑機運相去無幾。

我知道有這種三角測試之後，決定找一群朋友來做實驗，結果沒有一個人猜對，他們都是受過良好教育、慎思明辨的人，多半有喝可樂的習慣，因此對測試結果都不敢置信，大表抗議，認為我一定動了手腳，或者當地的百事可樂與可口可樂裝瓶廠出了問題。他們還懷疑我刻意調整三個杯子的順序，提高測試的難度。沒有一個人肯面對事實：他們對可樂的瞭解其實極為膚淺。如果只有兩種可樂，我們只需比對兩種第一印象。但如果是三杯

可樂，我們就得設法先描述並記住第一種可樂的感覺，再對第二
種可樂如法炮製，並將稍縱即逝的感官知覺轉化成某種穩定長存
的特質，這麼做的前提是能夠掌握並理解品嚐食物的語彙。海爾
嫚與希薇爾能夠在三角測試中輕騎過關，因為她們的知識使得自
身的第一印象富於彈性。我的朋友們可沒那麼幸運，即使他們喝
過無數罐可樂，但是並不曾對可樂做一番深入體會。他們不是可
樂專家，強他們所難，問太多問題，只會使他們的直覺反應無用
武之地。

　　肯納受到的市場調查，不也正是如此？

「唱片公司真不應該這樣對待你」

　　肯納的歌手生涯走走停停多年之後，總算與哥倫比亞唱片公
司簽下一紙合約，發行了一張專輯《新聖牛》（*New Sacred Cow*），
然後展開他第一場巡迴演唱，走遍美國西部與中西部的十四座城
市。肯納的起步聲勢平平：他為另一個樂團開唱，唱上三十五分
鐘。許多觀眾甚至沒注意到節目單上有他的名字，然而只要他們
看過他的表演，熱烈反應就隨之而來。肯納為自己的一首歌曲拍
了一部音樂錄影帶，得到VHI電視台頒獎肯定。許多大學電台開
始播放《新聖牛》，這張專輯也在大學排行榜上步步高升。肯納
後來上過幾回電視談話節目，然而始終算不上大紅大紫，他的專

輯並未受到獎項青睞，只因為他的第一首單曲始終上不了「最愛四十」電台。

許多喜歡肯納的人，都像希薇爾與海爾嫚一樣具備深厚的專業素養。大西洋唱片公司的老闆考曼聽過肯納的試聽帶，拿起電話交代屬下說：「我現在就要見他。」林普斯機主唱德斯特只在電話上聽到肯納的一首歌，就對他激賞不已；U2的經紀人麥金尼斯請肯納搭飛機到愛爾蘭，這些熱愛肯納的人對於自己的第一印象都能夠加以組織管理，以特定的語彙來表述，並具備理解這些印象所需的經驗。在一個完美的世界中，真正重要的是這些專家的肯定，而不是那些疑點重重的市場調查結果。然而廣播電台業的運作，畢竟不像食品業或赫曼米勒家具公司那麼明智務實，他們還是寧可信任一個名不副實的評量系統。

「我想電台都做過焦點團體訪談，得到的回應是：『不，這首歌不可能賣座。』欠佳的測試成績使他們不願意花錢投資，」肯納說，「但是我們不能這樣對待音樂，音樂需要信念，只是音樂界已經不再把信念當一回事，這種情形讓我非常氣餒，無可奈何，讓我徹夜難眠，思緒翻騰。但如果沒有其他變化，我還是會繼續唱下去，年輕朋友的回應是如此熱烈而美好，激勵我第二天再度站起來，奮力一搏。演唱會結束後，年輕朋友會上前來告訴我：『唱片公司真不應該這樣對待你，但是我們都支持你，我們會把消息傳遞給每一個人。』」

本章參考資訊

＊搖滾歌手肯納：www.kennaonline.com

＊百事可樂大挑戰與新可口可樂：members.lycos.co.uk/thomassheils/
newcoke.htm

＊產品包裝與感覺移轉研究：thomashine.com/work3.htm

＊史唐普夫的死亡之椅：www.hermanmiller.com/CDA/SSA/Product/
Thumbnail/0,1539,a10-c440-b3,00.html

chapter 06

第六章

生死七秒鐘
讀心術的奧秘與壓力下決策

第二天的報紙特別渲染四名警員開了四十一槍，
但是報紙沒有提到的是，
四把半自動手槍擊發四十一顆子彈，只需二・五秒。

紐約市南布朗克斯桑德維優（Soundview）地區的惠勒街（Wheeler Avenue）一一〇〇街區，道路狹長，兩旁林立著外觀平凡的兩層樓房屋與公寓。街道的一端是熱鬧的西契斯特街（Westchester Avenue），是當地主要的商業區；再往前走兩百碼，一路上綠樹成蔭，兩邊停滿了車輛。這一帶的房屋建造於二十世紀初期，許多幢都有雕飾華麗的紅磚門面，門前有四級或五級台階。居民生活貧困，主要是勞工階層。一九九〇年代晚期，此地毒品交易猖獗，尤其是西契斯特街與再隔一條街的艾爾德街（Elder Avenue）。如果你是新來到紐約的移民，想租一間便宜而且鄰近地鐵站的房子，到桑德維優找就對了，狄亞洛（Amadou Diallo）就是這樣在惠勒街落腳。

狄亞洛來自非洲西部的幾內亞，一九九九年時他才二十二歲，在下曼哈頓地區第十四街的人行道上，販賣錄影帶、襪子與手套為生。狄亞洛身高只有五呎六吋，體重一百五十磅，外型並不顯眼，他住在惠勒街一一五七號，一間狹窄公寓的二樓。一九九九年二月三日那天晚上，接近午夜時分，狄亞洛回到住處公寓，和室友聊了一會兒後走到一樓，來到門口台階的頂端，佇立在夜色中。幾分鐘之後，幾名便衣警察搭乘一輛沒有標誌著警徽的福特金牛座轎車，緩緩轉進惠勒街。警察總共四人，全都是白人，全都穿戴著牛仔褲、長袖運動衫、棒球帽與防彈背心，全都佩帶警用九釐米半自動手槍，他們隸屬於紐約市警察局特設的「街頭犯罪打擊小組」，專門巡邏各貧民窟的犯罪「熱點」。駕車

的警員是包斯（Ken Boss），二十七歲，他旁邊坐著三十五歲的卡羅（Sean Carroll），後座則是麥美隆（Edward McMellon）與莫菲（Richard Murphy），兩名警員同為二十六歲。

　　卡羅最先瞄到狄亞洛，並對同事說：「停一下，停一下，你們看那個人在那裡幹什麼？」卡羅後來陳述，他心裡當時浮現兩個念頭：首先，狄亞洛可能是在幫某個槍匪把風，這類歹徒會假裝成訪客，闖入公寓中行搶；第二個念頭是，狄亞洛疑似一名逍遙法外的連續強暴犯，一年多前曾在當地作案。「他就站在那裡。」卡羅回憶，「他站在門口台階頂端，窺探著周遭街頭，背靠著牆壁探頭探腦。隔了幾秒鐘又重複同樣的動作，看看下方，看看右邊。我們接近的時候，他似乎想退回門廊，好像怕被別人看到。我們開車經過時，我仔細打量他，研判可能狀況，這個人想做什麼？」

　　包斯將警車停下來，倒回惠勒街一一五七號正前方。狄亞洛還待在那裡，卡羅後來說他相當驚訝，「我心裡想，其中一定有鬼。」他與麥美隆下車上前。「我們是警察，」麥美隆高舉警徽，「可不可以跟你談一談？」狄亞洛沒有回答。後來大家才知道，狄亞洛先天口吃，他可能想說什麼，但是有口難言。更糟的是，他的英語還不太流利，而且當時有傳言說他的一位朋友剛被一夥武裝歹徒搶劫，因此狄亞洛一定嚇壞了：他孤單地站在那裡，身處一個治安敗壞的郊區，時間已過子夜，兩名戴著棒球帽的大塊

頭男子，胸膛因為防彈背心而鼓脹，大步向他步步進逼。狄亞洛停頓一下，然後往門廊裡跑去，而卡羅和麥美隆立刻追上。依據在場警員事後的描述，狄亞洛那時跑到內門後伸出左手，抓住門把，身子側過一邊，另一隻手探入口袋中。「把兩隻手舉起來！」卡羅高喊，麥美隆也跟著喊：「把你的手伸出口袋，不要逼我殺了你！」但是狄亞洛更加慌亂，卡羅也緊張起來，他覺得狄亞洛之所以要側身，是想遮掩右手的動作。

「我們衝進門廊，想趕在他躲進門之前逮到他，」卡羅回憶，「他轉過身來，看著我們，左手仍然握著門把，右手從褲袋要拿出一個黑色的東西。這時我只看到這東西的上端，很像一把黑色手槍的槍柄。我過去的經驗與所受的訓練，還有先前逮捕行動，都提醒我這名男子正企圖拔槍。」卡羅大喊：「槍！他有槍！」

狄亞洛並沒有停止動作，他繼續從口袋裡掏出那件黑色的東西，拿出來朝向兩名警員。這時卡羅開槍，麥美隆本能地向後一跳，背部著地，並且凌空扣動扳機，子彈在門廊間飛跳，卡羅以為那是狄亞洛開火，而且又看到麥美隆向後方墜落，以為他已經中彈，於是繼續開槍，瞄準警校所教的「中心質量」（center mass）。水泥碎片與木屑四散分飛，氣氛極度緊繃，槍管閃光晃動，子彈火花迸現。

包斯與莫菲急忙下車，奔向這幢房子。四名警員後來因一

級過失殺人罪與二謀殺罪遭起訴時，包斯在法庭上追述當時情景說：「我看到麥美隆，他原本在門廊的左邊，後來整個人掉下台階。這時卡羅在我右手邊，也從台階上退下來，情勢非常緊張，他想辦法要全身而退。麥美隆躺在地上，槍聲還在響，我跑上前去，麥美隆被擊中，至少在我看來是如此。他繼續射擊，卡羅也對著門廊開槍……這時我看到狄亞洛，他在門廊後方，退向裡面房門的牆面，朝向門的那邊蹲下來，手向外伸，我看到一把槍，心想：『天哪，我死定了。』於是我也開槍，同時後退並跳向左邊，避開彈道火線……狄亞洛的膝蓋彎曲，背脊挺直，似乎想縮小自身的目標，看起來像一種戰鬥姿勢，跟我在警校學過的一樣。」

這個時候在法庭上，詰問包斯的檢察官打斷他的陳述：「狄亞洛的手當時是什麼情況？」

「伸出來。」

「直挺挺地伸出來嗎？」

「直挺挺地。」

「你看到他手上有東西，對不對？」

「對，我以為他手上拿著槍……我好像看到整個武器，非常清楚。在那一瞬間，槍聲大作，硝煙瀰漫，麥美隆倒下來，我認定狄亞洛拿著槍，麥美隆先被射中，下一個就是我了。」

卡羅與麥美隆各開了十六槍，一整個彈匣；包斯五槍，莫菲四槍。槍聲過後是一片死寂，四名警員持槍登上樓梯，走向狄亞洛。「我看到他的右手，」包斯事後說，「從他的身旁伸出來，攤開的手掌中應該有一把槍，但我只看到一只皮夾……我說：『那把該死的槍在哪裡？』」

包斯往西契斯特街跑過去，剛才的咆哮與槍戰使他方寸大亂，等到救護車趕抵現場時，他已經苦惱到極點，一句話也說不出來。

卡羅坐在台階上，在狄亞洛滿布彈孔的屍體旁邊，開始哭泣。

三個致命的錯誤

在形形色色的快速認知中，最常見、也最重要的一種，就是我們對其他人形成的印象。每當我們在清醒時刻面對某個人，都會針對這個人的思緒與感覺連綿不絕地做出預測與推論。當某人

說：「我愛你。」我們會看著他的眼睛，判斷他是否真心地說出口。遇見陌生人時，我們通常能夠捕捉某些微妙的訊息，因此就算對方的語氣相當正常而友善，我們可能還是會心想：「我覺得他不喜歡我。」或者「她似乎有什麼心事。」判別他人臉部表情的複雜特質也很容易；如果你看到我咧嘴而笑、眼睛發亮，你會說我心情很好；但是如果你看到我輕輕點頭、誇張微笑、嘴角緊繃，你會推測我遭人嘲弄且心有不甘。如果我與某人四目相接，淺淺一笑，然後低頭轉移目光，你會以為我在挑逗對方。如果我說過一番話之後莞爾一笑，並點頭或讓頭歪向一邊，你會認定我覺得自己說話太直率，想要緩和一下氣氛。你甚至不必聽到我說些什麼，就可以做出這些判斷，就在一剎那間瞭然於心。如果你走向一個坐在地上玩耍的小孩，並做出一些奇怪的動作，例如用你的大手裹住她的小手，她一定會立刻抬起頭來看著你的眼睛，為什麼會如此？因為你的行為需要解釋，而且這孩子知道她可以從你的臉上找到答案。這種推想他人動機與意圖的做法，正是典型的「薄片擷取」，它捕捉微妙精細、稍縱即逝的線索，目的在於解讀某個人的心思；幾乎沒有哪一種本能反應比它更基本、更自然、更輕而易舉。然而，一九九九年二月四日那天凌晨，巡邏惠勒街的四名警員卻搞砸了這種最基本的心智運作，他們無法解讀狄亞洛的心思。

　　首先，卡羅看到狄亞洛之後，對車中同事說：「你們看那個人在那裡幹什麼？」其實狄亞洛只是站在那裡透透氣，但是卡羅

打量了一番，當下判定這個人行跡可疑，這是第一個錯誤。後來警員倒車回去，狄亞洛佇立不動，卡羅後來說他感到「驚訝」，心中暗想：這傢伙好大的膽子，看到警察居然還不快跑？其實狄亞洛不是膽大，而是好奇。這是第二個錯誤。緊接著卡羅與麥美隆走上前，看到高踞台階的狄亞洛微微側身，伸手探進口袋，就在這電光石火的一刻，兩名警員判定他是危險人物；其實不然，狄亞洛是嚇壞了。這是第三個錯誤。要我們在匆匆一瞥中判斷某人是行跡可疑還是正常無虞，是膽大包天還是心生好奇，是恐懼害怕還是具有危險，通常都不是難事，最後一項尤其容易。人們在深夜時分走過城市街頭時，都會持續快速打量周遭人物。不過由於某種原因，當天晚上的這四名警員卻喪失了這種能力，為什麼？

這種錯誤並不是特例，我們每個人都有可能錯誤解讀他人的心思，並因此引發無數的論辯、爭議、誤解與傷害。而且這種錯誤解讀都是當下即刻形成，過程高深莫測，因此我們往往不知如何理解。狄亞洛槍擊案就是一個例子，案發之後的幾個星期，世界各地都以頭條新聞報導本案，但是對於那天凌晨到底發生了什麼事，各方說法擺盪在兩個極端之間。有人說這只是一場可怕的意外，警察在瞬息變化的狀況中做出攸關生死的判斷時，難免會釀成大錯。狄亞洛案的陪審團就是秉持這種意見，因此包斯、卡羅、麥美隆與莫菲都逃過謀殺罪名。另一方面，有人認為這樁案子根本就是種族主義作祟，紐約市各地都有人示威抗議，狄亞洛

被奉為烈士，惠勒街被改名為「阿瑪杜狄亞洛紀念區」（Amadou Diallo Place）。搖滾歌手史普林斯汀（Bruce Springsteen）寫了一首紀念狄亞洛的歌〈四十一槍〉（41 Shots），副歌部分有一句歌詞是「好不容易當上美國人，你還是莫名其妙地送命。」

然而這些解釋都無法服人，我們沒有證據顯示涉案的四名警員品格不良、具有種族偏見，或是衝著狄亞洛而來。另一方面，我們恐怕也不能斷言這樁誤殺事件純屬意外，因為其中充斥著不合警方辦案程序的疑點。四名警員做出一連串的關鍵性錯誤判斷，錯誤的第一步就是：認定一名只不過到自家外面呼吸新鮮空氣的男子，有可能是一名罪犯。

換言之，狄亞洛槍擊案發生在某種灰色地帶，介於蓄意和意外之間。錯誤解讀他人心思有時就是如此，不像其他的快速認知那麼顯而易見，反而是細微複雜且極為尋常。惠勒街槍擊事件是一個突出的例子，充分顯示讀心術是如何運作，稍有不慎時又是如何鑄成大錯。

讀心術的理論

我們對讀心術的理解，主要來自兩位優秀科學家的貢獻，他們是一對師徒：湯金斯（Silvan Tomkins）與他的學生艾克曼（Paul

Ekman）。湯金斯一九一一年生於美國賓州費城，父親是從俄羅斯移民來的牙醫。湯金斯五短身材，大腹便便，白髮蓬亂，再配上一副巨大的黑膠框眼鏡，先後在普林斯頓大學與羅格斯大學教授心理學，著有四卷《情感、意象與意識》（*Affect, Imagery, Consciousness*）；此書內容厚重密實，讀得懂的人會認為是一部精湛之作，讀不懂的人也會點頭稱是。湯金斯是一位傳奇性的「談話者」，經常看到在雞尾酒會將近尾聲時，一群如癡如醉的賓客坐在他跟前，有人會說：「再問一個問題嘛！」然後大家又耗上一個半小時，聽湯金斯縱論各家漫畫、電視喜劇、情緒的生物學，以及他對康德的批判，他也對最新流行減肥法如數家珍；這些話題全都融匯成一長串的語言即興演出。

大蕭條時代的湯金斯還是哈佛大學的博士生，他兼差當一家賽馬協會的賭盤預測人，由於表現可圈可點，因此能夠在曼哈頓的上東區過著優渥的生活。在賽馬場上，湯金斯高踞看台幾個小時，以雙筒望遠鏡緊盯每一匹馬，當時他的綽號是「教授」。艾克曼回憶：「湯金斯發明一套方法來預測每匹馬的成績，根據的是這匹馬與牠左右兩邊的馬的情緒關係。」例如，一匹公馬如果曾經在出道的前兩年輸給另一匹母馬，那麼下回牠再度與一匹母馬併肩出賽時，恐怕就會馬失前蹄（有時不一定如此，凡事總有例外）。

湯金斯相信，臉部——甚至馬臉也是如此——蘊含著珍貴的

線索，讓我們得以發掘內在情緒與動機。據說湯金斯可以走進一家郵局，面對各個通緝要犯的海報，僅憑嫌犯的臉部照片就可以斷定此人的罪名。他的兒子馬克說：「他常看《老實說》（*To Tell the Truth*）這個電視節目，而且每次都能挑出說謊的人。有一次他還寫信給製作人，批評節目設計得太容易。於是那位製作人請他到紐約親臨節目現場後台，讓他使出看家本領。」哈佛大學心理學教授戴茉絲（Virginia Demos）在一九八八年民主黨全國代表大會期間，曾與湯金斯多次長談，她說：「我們邊看電視邊講電話，他會把音量調低，觀看傑克森牧師（Jesse Jackson）與杜凱吉斯（Michael Dukakis）對談之類的畫面，解讀他們的臉部表情，然後預測他們的下一步動作，很有意思。」

　　艾克曼在一九六〇年代早期認識湯金斯，那時他還是個剛從研究所畢業的年輕心理學者，對研究臉部表情深感興趣。艾克曼當年心想：人類臉部表情有沒有一套共通的運作規則？湯金斯認為答案是肯定的，但大部分心理學家不以為然。就那個時代的傳統看法而言，人類的表情決定於文化環境；換言之，我們運用臉部時會遵循後天獲致的社會習慣。艾克曼不確定哪一派的看法才正確，為了探求真相，他帶著一疊各種表情的男女照片，遠赴日本、巴西與阿根廷，甚至來到遠東地區遙遠的叢林部落。結果令艾克曼訝異不已的是，在他足跡所至的每一個地方，人們對這些表情的意義所見略同。艾克曼知道湯金斯說對了。

　　不久之後，湯金斯到艾克曼位於舊金山的實驗室拜訪他。艾克曼剛看完一部由病毒學家舉塞克（Carleton Gajdusek）在巴布亞紐幾內亞偏僻叢林拍攝、長達十萬呎的影片。其中有一個部落叫做「南福雷」（South Fore），族人生性和平而友善；另一個部落「庫庫庫庫」（Kukukuku），則是凶殘好殺，而且會舉行一種同性戀儀式，部落中即將進入青春期的男孩，必須充當成年男子的性伴侶。艾克曼和同僚佛瑞森（Wallace Friesen）花了整整半年時間仔細檢視這部影片，剪掉無關緊要的部分，將焦點集中在部落成員的臉部特寫，以便比較兩者的臉部表情。

　　艾克曼設置投影機的時候，湯金斯在後方等候，他對兩個部落的背景一無所知，所有足資辨認身分的段落都被剪掉。湯金斯全神貫注，透過他的大眼鏡凝視銀幕。影片即將結束時，他走向銀幕，指著南福雷部落成員的臉孔說：「這種民族非常可愛、溫和、寬厚、和平。」然後他又指著庫庫庫庫部落表示：「他們崇尚暴力，而且有很多跡象顯示他們有同性戀行為。」三分之一個世紀之後的現在，艾克曼還是對湯金斯的洞察力驚嘆不已。「我的天！我對自己當時說的話記憶猶新：『湯金斯先生，你是怎麼做到的？』」艾克曼回憶，「湯金斯走到銀幕前，我們以慢速度重播影片，他會指出某些臉孔上特殊的隆起與皺紋，那些都是他判斷的依據。那一刻我明白，『我要揭開臉孔的奧秘。』臉孔是訊息的寶庫，然而大家都視而不見，只有湯金斯獨具慧眼。如果他能深入這座寶庫，也許每個人也都能登堂入室。」

　　艾克曼與佛瑞森當下決定，要為臉部表情創立一套分類體系，他們詳閱醫學教科書中關於臉部表情肌肉的章節，列出臉部肌肉能做的所有動作，多達四十三種，艾克曼與佛瑞森稱之為四十三個「動作單元」，然後他們兩人相對而坐，連續好幾天，逐一運用每一個動作單元。他們首先以意念鎖定一條肌肉，聚精會神地嘗試單獨運用它，兩人相互端詳對方，以鏡子檢視肌肉的動作，記錄臉部紋路如何相應變化，並拍攝錄影帶存檔。偶爾遇到某種肌肉動作不聽使喚的時候，他們就到毗鄰的加州大學舊金山分校解剖學系，請一位熟識的外科醫師幫忙，在臉上插入一根探針，以電流刺激那條不聽話肌肉。艾克曼回憶說道：「那滋味可真不好受。」

　　熟練每一個動作單元之後，艾克曼與佛瑞森開始結合不同的動作單元，將肌肉動作層層相疊，整個過程耗時七年之久。「兩條肌肉就有三百種結合方式，」艾克曼說，「加上第三條肌肉，結合方式超過四千種，我們做到五條肌肉結合的地步，構成一萬種可辨識的臉部形態。」當然，這一萬種形態大部分不具任何意義，就像小孩子隨意做出的表情。但是藉由每一個動作單元的結合，艾克曼與佛瑞森找到約三千種確實具有意義的形態，然後開始編製人類臉部表情的資料庫。

　　艾克曼現年六十來歲，鬍子總是刮得乾乾淨淨，兩眼距離

很近，眉毛濃密突兀，儘管他身材中等，但看起來相當魁武，舉止間透出一股堅毅、穩重的氣質。艾克曼在新澤西州的紐渥克長大成人，父親是小兒科醫師，十五歲就進入芝加哥大學。他說話字斟句酌，大笑之前還會停頓一下，彷彿要先徵詢對方同意。他是那種會將自己的主張列表編號的人，學術論文總是條理分明，在文章結束之前，每一個主題與問題都會井然有序地匯整起來。一九六〇年代中期之後，艾克曼一直在加州大學舊金山分校任教，蝸居一間破舊的維多莉亞風格樓房。我造訪的時候，艾克曼坐在研究室中，為我臚列他多年前鑽研的動作單元組合形態。他上身略向前傾，雙手置於膝頭，背後牆上貼著兩張照片，是他的兩位偶像──湯金斯與達爾文。「每個人都會做AU4，」他拉低眉毛，用降眉肌與皺眉肌，「絕大部分人也都能做AU9，」他皺皺鼻子，運用提上唇肌，「AU5難不倒一般人。」他收緊提上臉肌，提起上眼皮。

我試著有樣學樣，艾克曼抬頭看我一眼然後說：「你的AU5做得很好。」他真是過獎了。「眼睛陷得越深的人，越難做出AU5。接下來還有AU7，」他斜眼一瞥。「AU12，」他微微一笑，啟用了顴大肌，他的眉毛內層向上聳，「這是AU1，代表困擾、煩惱。」接著他以額肌側部拉高眉毛的外緣，「AU2，非常困難，但值得練習，只有在日本歌舞伎的表演中才得到。AU23也是我的最愛之一，要抿住嘴唇的紅色邊緣，是非常明顯的憤怒表徵，但是很難刻意表現出來，」他抿住嘴唇。「抽動一邊耳朵也是最

困難的動作之一，我必須全神貫注，使盡渾身解數。」艾克曼笑一笑，「我女兒每次都要我在她朋友面前表演，你注意看。」他先抽動一下左耳，然後是右耳。艾克曼應該不算表情特別豐富的人，他有一種心理分析師專注冷靜的特質，能夠如此輕易地「變臉」，實在令人嘆為觀止。「有一種動作單元我做不來，」艾克曼繼續，「AU39，所幸我的一個博士後研究生會做。AU38是張大鼻孔，AU39正好相反，要用到壓低鼻孔的肌肉。」他搖搖頭，看看我，「噢！你的AU39非常好，是我看過最好的AU39之一。這應該是遺傳的，你家族中一定有其他人具備這種本事，你會做，你真的會做，」他又笑了幾聲，「你大可向別人炫耀，不妨到單身酒吧表演。」

　　艾克曼將動作單元層層相疊，組成更複雜的臉部表情，傳達我們平常所見的情緒。例如「快樂」基本上是AU6加上AU12：收縮抬高臉頰的眼輪匝肌，外加拉高嘴角的顴大肌。「恐懼」是AU1、2與4，或者更完整一點，AU1、2、4、5與20，至於AU25、26與27則可有可無；也就是說，表達恐懼表情要用到提高眉毛內緣的額肌內部、提升眉毛外緣的額肌側部、壓低眉毛的降眉肌、提升上眼皮的提上瞼肌、延展嘴唇的笑肌、分開嘴唇的降下唇肌、放鬆下顎的咀嚼肌。「厭惡」呢？以AU9為主，運用皺鼻子的提上唇肌，不過有時候會用AU10；前者或後者都可以與AU15、16或17結合。

艾克曼與佛瑞森最後將這些結合方式與解讀原則匯整起來，設計出一套「臉部動作編碼系統」（Facial Action Coding System），並寫成一本五百多頁的論文。這本書別出心裁，饒富興味，細節無奇不有。諸如嘴唇的動作（延展、反延展、變窄、放寬、扁平、噘嘴、緊繃、延伸）；眼睛與臉頰之間皮膚的四種變化（腫脹、眼袋、垂肉與線條）；以及眶下溝與鼻唇溝之間的明顯分別。我在第一章中論及的婚姻專家高特曼，曾經與艾克曼合作多年，運用臉部動作編碼系統的原則來分析夫妻的情緒狀態。學術界運用艾克曼系統的研究，從精神分裂到心臟病都有，連電腦動畫公司如皮克斯（作品《玩具總動員》）與夢工廠（作品《史瑞克》）都曾借重這套系統。完全熟練臉部動作編碼系統需要好幾個星期，全世界也只有約五百個人取得資格，能夠運用這套系統進行研究。掌握了這把利器再去看人們的臉孔，就可以對人們所要傳達的訊息，獲致更為深刻豐富的獨到見解。

艾克曼回憶一九九二年他第一次見到柯林頓，當時正逢民主黨舉行總統候選人黨內初選，「我看著他的臉部表情，告訴我太太：『他就像電影《淘氣小不點》（*Peck's Bad Boy*）中的主角。』」艾克曼說，「這個人盼望自己在偷吃餅乾時被逮到，而且儘管如此大家還是喜歡他。柯林頓最喜歡做一種表情，一副『偷吃餅乾被抓到，但媽咪還是愛我，因為我是個小壞蛋』的模樣，那是AU12、15、17與24，外加轉動眼睛。」艾克曼停頓一下，接著開

始重建柯林頓的招牌表情，他收縮顴大肌，AU12，典型的微笑；以降口角肌往下拉扯兩邊嘴角，AU15；伸展頦肌，AU17，抬高下顎；輕輕抿住嘴唇，AU24；最後再轉動眼睛。我只覺得眼前的人似乎就是外號「滑頭威利」（Slick Willie）的柯林頓。

「我認識一位柯林頓的公關幕僚，因此與他聯絡。我說：『你看，柯林頓在做某種表情時會轉動眼睛，這等於在暗示『我是個壞男孩。』這樣不太好，我可以在兩、三個小時內，讓他戒除這個壞習慣。』結果那位朋友說：『嗯，這麼做太冒險，人家會說他與一位專教說謊的專家合作。』」艾克曼的聲音逐漸微弱，他顯然很欣賞柯林頓，希望將柯林頓那種表情轉化為沒有意義的臉部表情。艾克曼聳聳肩：「不幸的是，我猜想他其實巴不得被人逮到，而且也的確如願以償。」

臉孔透露心思情緒

艾克曼理論的宗旨在於，臉部是一座極為豐富的情緒資訊寶庫。事實上他還大膽指出：臉部顯現的訊息並不只是心靈運作的表徵，就某種意識而言，這些訊息其實就是心靈運作的成果；這一點是掌握讀心術的關鍵所在。

艾克曼與佛瑞森在這方面的洞見，萌生於當初兩人對坐研

究憤怒與苦惱表情時。「過了好幾個星期，有一回我們做完一系列憤怒與苦惱的表情之後，終於有人承認他心情很糟，」佛瑞森說，「然後另一個人也發現自己的狀況很不好，因此我們開始記錄。」他們從頭開始，監測當臉部做出特定表情時的身體反應。「例如你先做AU1，揚起眉毛內緣；AU6，提起臉頰；AU15，拉起嘴角，」艾克曼邊說邊做，「我們發現，光是這樣的表情就足以引發自主神經系統的顯著變化。第一次測出結果時，我們非常驚訝，完全出乎意料，而且兩個人都有反應；我們覺得很可怕，居然能製造出悲傷與焦慮。當我壓低眉毛（AU4）、提起上眼皮（AU5）、收斂眼皮（AU7）、抿住嘴唇（AU24），我就能製造出憤怒的情緒，心跳每分鐘增加十到十二下，手掌心漸漸發熱；我無法自己，這讓人很不舒服，非常不舒服。」

艾克曼、佛瑞森與另一位同事李文森（Robert Levenson，他與高特曼也有多年合作經驗，心理學的圈子實在不大）決定要好好記錄這種效應，他募集一群志願受試者，以儀器監測他們的心跳與體溫，這兩者是憤怒、悲傷與恐懼之類情緒的生理表徵。受試者中有一半要嘗試回想並重溫某樁特別不愉快的經驗，另一半只需做出不愉快的臉部表情，分別對應憤怒、悲傷與恐懼等情緒。結果只需做表情的第二組受試者，其心跳與體溫上升的程度，與實際經歷不愉快情緒的第一組不相上下。

幾年之後，另一組德國心理學家也進行了一次類似的研究，

他們請受試者看卡通片，其中一部分人在雙唇之間含著一支筆，使他們無法收縮微笑所需的笑肌與顴大肌；另一部分人則用牙齒咬著筆，迫使他們非露出微笑表情不可。結果牙齒咬筆的這一組受試者，對卡通片的感受要愉快得多。這樣的結果或許難以置信，因為我們向來認為自己是先產生某種情緒，然後才將情緒表達（或不予表達）在臉上，我們總以為臉部只是情緒的附庸。然而德國心理學家的研究顯示，這種過程也可以反向運作，情緒也可以從臉部產生。臉部並非只是內在情緒的告示板，它其實也是情緒作用過程中的要角。

對於讀心術的運作，這項關鍵發現意義重大。舉例來說，艾克曼早年曾以影片為四十位精神病患留下紀錄，其中有一位是當時四十二歲的家庭主婦瑪莉。瑪莉三度自殺未遂，第三次吞下大量安眠藥時幸好及時被發現，送醫急救。瑪莉的子女已經成年離家，丈夫對她漠不關心，她情緒極為低落。第一次住進醫院時，她只是無助地坐著哭泣，但後來的治療似乎頗有成效。三個星期之後，瑪莉告訴醫生她的心情好多了，想在週末請假回家看看，醫生也同意；但是瑪莉在離開醫院之前坦承，其實她請假出院的真正目的是要再度自殺。過了幾年之後，有一回艾克曼被一群年輕的心理醫師問到：如何才能判別有自殺傾向的病人是否說謊？他想起瑪莉留下的影片，於是嘗試從其中找尋答案。如果臉部確實可以呈現實的情緒，那麼當瑪莉說她心情好轉時，她臉上應該會透露出說謊的跡象。艾克曼與佛瑞森分析瑪莉的影片，尋找蛛

絲馬跡。他們花了幾十個小時，反覆播放，放慢速度檢視每一個
姿勢與表情，最後終於發現關鍵所在：當瑪莉的醫生問她未來有
何打算時，一抹絕望至極的表情從她臉龐一閃而過，幾乎無法查
覺。

　　艾克曼稱這種一閃而逝的表情為「微觀表情」（micro
expression），也是一種非常特殊而且重要的臉部表情。許多表情
都可以刻意做出來，如果我想擺出一副嚴肅面孔，好好訓你一
頓，這對我來說相當簡單，而你也很容易看出我的怒氣。然而我
們臉部還被另外一套不由自主的系統控制，會做出意識無法控制
的表情。例如我們很難刻意做出悲傷的AU1表情（史克曼提到
一個著名的例外：名演員伍迪艾倫，會用額肌內部做出滑稽的
悲傷表情，那是他的註冊商標）。但是我們不高興的時候，不假
思索就可以牽動眉毛內緣，觀察一個快要哭出來的嬰兒，你會看
到額肌內部向上彈出，有如弓弦。同樣的道理，還有一種表情艾
克曼稱之為「杜顯微笑」，以紀念十九世紀的法國神經學家杜顯
（Guillaume Duchenne），他首開先例以攝影記錄臉部肌肉的運作。
如果我要求你露出微笑，你會運動顴大肌；然而如果你是自動自
發地微笑，表達真實的喜悅情緒，那麼你在運動顴大肌之外，還
會收緊眼眶周圍的眼輪匝肌；後面這個動作幾乎不可能應外界的
要求做出，你真的喜上眉梢時也很難抑制。杜顯指出這種微笑
「並不遵從意志指揮，可以用來檢視朋友對你是否虛情假意。」

　　每當我們經歷某種基本的情緒，就會透過臉部的肌肉自動表現出來，雖然時間可能只有幾分之一秒，只能以附著在臉部的電流感測器才能偵測出來，但是一定存在。湯金斯有一回在講課時，開始就當頭棒喝：「臉部就像陽具！」他要強調的是，在很多方面，臉部可說是擁有自己的意念。但這並不是說我們無法控制自己的臉，我們的確可以運用自主肌肉系統，壓制那些不自主的反應，然而還是有一些表情會成為漏網之魚，乘隙突圍，例如當我們感到很不快樂卻要勉強掩飾的時候，精神病患瑪莉的案例就是如此。自主表達系統讓我們得以選擇要釋放哪些情緒，但是非自主系統在許多方面的重要性有過之而無不及：演化賜給我們這件利器，來表露自己最真實的情感。

　　「你一定有過這種經驗，某人說你流露出某種表情，但你自己卻渾然不覺，」艾克曼說，「別人會問：『你在煩惱什麼？』或者『你為什麼偷笑？』之類的問題。你聽得到自己的聲音，但是看不見自己的臉。假如我們知道自己臉上有什麼表情，我們就更能夠遮遮掩掩，然而這麼做未必是好事。想像一下，如果我們有個開關，可以隨意關閉臉上的表情，這樣一來我們可能無法察覺嬰兒的感受，他們可就麻煩大了；其實你可以說這種情緒表達系統的演化，就是要幫助父母照顧幼兒。此外，想像一下你的配偶有一具表情開關，這種婚姻關係根本不可能存續。如果我們的臉部表情無法自然表露，那麼肌膚之親、兩情相悅都將難以為繼。」

　　艾克曼播放一捲辛普森案審判過程的錄影帶讓我看，內容是檢察官克拉克（Marcia Clark）女士質問那位頭髮蓬亂的證人凱林（Kato Kaelin），案發當時他在辛普森家作客過夜。凱林坐在證人席上，表情茫然，克拉克問他一個咄咄逼人的問題，凱林俯身向前，輕輕回答。艾克曼問我：「你注意到了嗎？」但我一無所見，凱林還是凱林，一副安分守己的模樣。艾克曼停下錄影帶，倒轉後以慢速播放。在螢幕上，凱林俯身向前回答問題，就在那一瞬間，他的臉完全變形，他皺起鼻子，收縮提上唇肌，牙齒外露，眉毛低垂。艾克曼說：「這幾乎就標準的AU9，代表厭惡以及憤怒。線索在於當你眉毛低垂時，你的眼睛通常也會變小。上揚的眼皮是憤怒情緒的一部分，不是厭惡。整個過程非常快。」艾克曼停下錄影帶，重新播放，專注凝視螢幕說：「你看，他真像一頭張牙舞爪的猛犬。」

　　艾克曼播放另一段影片，是費爾比（Harold "Kim" Philby）在一九五五年出席的一場記者會，當時他的蘇聯間諜身分尚未敗露，但是兩名同事麥克林（Donald Maclean）與柏吉斯（Guy Burgess）在不久之前投奔蘇聯。記者會中，費爾比穿著黑西裝、白襯衫，一頭直髮靠左旁分，臉上洋溢著一股權貴之家的倨傲神態。

　　「費爾比先生，」一位記者問道，「外相麥克米倫（Harold Macmillan）表示，並沒有證據顯示你就是告知柏吉斯與麥克林事

跡敗露的『第三人』，你對麥克米倫的澄清聲明滿意嗎？」

費爾比以那種英國上層階級圓潤厚實的腔調，很有自信地回答：「我很滿意。」

「如果『第三人』真的存在，你是『第三人』嗎？」

「不，」費爾比斬釘截鐵地說，「我不是。」

艾克曼倒帶並以慢速重新播放。「注意這裡，」他指著螢幕，「當記者兩次問到費爾比是否涉嫌叛國時，他兩次露出輕蔑自滿的微笑，活像一隻剛吞下金絲雀的貓。」那種表情從出現到消失只有幾毫秒，但是錄影帶以慢速播放時仍然無所遁形：費爾比緊抿雙唇，全然一副自鳴得意的樣子。「他樂在其中，對不對？」艾克曼繼續分析，「我稱這種表情為『騙人之樂』（duping delight），因為愚弄他人得逞而樂不可支。」艾克曼再次按下播放鍵，並說：「費爾比還做了一件事。」螢幕上的費爾比正在回答一個問題，他說：「另一方面，柏吉斯與麥克林事件引發的問題非常」——他停頓一下——「微妙複雜。」艾克曼倒帶回到費爾比停頓的地方，止住畫面並指出：「就在這裡，一股難以捉摸的沮喪或憂慮『微觀表情』，只能從眉毛看出端倪，而且只有一道眉毛。」的確，費爾比的右邊眉毛內緣顯露出標準的AU1。「時間相當短暫，」艾克曼說：「他並不是刻意而為，這種表情與他的自信與堅定背道而

馳，在談到柏吉斯與麥克林時不禁流露，這兩個人都受惠於費爾比的通風報信。這是一個焦點，費爾比彷彿告訴我們：『不要太相信你聽到的話。』」

　　艾克曼描述的現象可以視為一種生理學的基礎，讓我們據之以對他人進行「薄片擷取」。我們都能夠輕而易舉、自動自發地運用讀心術，因為無論是要判讀旁人心思還是社會情境，所需線索都寫在每個人的臉上。我們或許不像艾克曼或湯金斯那麼精於解讀臉孔，也看不出凱林的表情變成有如一頭猛犬。但是人們的臉孔上一定有可資利用的足夠訊息，讓讀心術得以在日常生活中運作。當有人對我們說：「我愛你。」我們會立刻直視對方，因為藉由眼前這張臉孔，我們可以判定對方是否真心真意，就算不一定完全準確，至少也大有幫助。我們看到的是溫柔與喜悅溢於言表？還是一抹苦惱憂愁閃過對方臉龐？當你用雙手裹住一名嬰兒的小手，她會看著你的眼睛，知道可以在你的臉上找到解答。你是否以AU6與AU12（眼輪匝肌與顴大肌的結合）來表達快樂的心情？或者你是否動用了AU1、AU2、AU4、AU5與AU20（額肌內部、額肌側部、降眉肌、提上瞼肌與笑肌），因此連一個小孩都可以直覺到你呼之欲出的恐懼？對於這類複雜、飛快的心思運算，我們駕輕就熟，每天都在進行，根本不假思索。而這也正是狄亞洛槍擊案的謎團所在，因為一九九九年二月四日那天凌晨，由於某些原因，警員卡羅與三名同事在解讀狄亞洛的心思時犯下

大錯。狄亞洛是無辜的，他只是好奇又受到驚嚇，這些情緒一定
都寫在他臉上，然而四名警員完全視而不見，為什麼？

男人、女人與電燈開關

　　要理解我們為何無法判讀他人的心思，最典型的案例就是自
閉症。以英國心理學家拜倫─柯恩（Simon Baron-Cohen）的話來
說，自閉症患者都是「心智盲目」（mind-blind）。對我前面描述
的那些自然而然、自動自發的人類心智活動，自閉症患者若不是
困難重重，就是根本束手無策。他們很難理解姿態手勢、臉部表
情之類非語言的暗示線索；也不太能夠設身處地，揣摩他人的心
思；對於語言詞彙的理解往往只侷限於字面意義。自閉症患者處
理第一印象的機制，基本上已經關閉停擺；而他們看待世界的方
式，有助於我們體會在解讀他人心思功能失靈時，會有什麼樣的
狀況發生。

　　康乃狄克州紐哈芬（New Haven）耶魯大學兒童研究中心的
柯霖（Ami Klin）教授，是美國最頂尖的自閉症專家之一。柯霖曾
對一位患者進行多年研究，我們姑且稱他為彼得。彼得現年四十
來歲，受過高等教育，獨立工作與生活。柯霖說：「這位病患的生
活功能相當正常，我們每個星期都會見面談話。他的言語非常清
晰，但是對於事物缺乏直覺。因此他需要我的指引，才能理解周

遭的世界。」

　　柯霖像極了電影演員蕭特（Martin Short），雙親分別來自以
色列與巴西，因此他的口音相當獨特。柯霖和彼得相識多年，談
起他的狀況時，完全沒有高高在上或事不關己的口氣，而是如數
家珍，有如在描述一位老朋友。「我每個星期都和他晤談，而且
談話時會有一種感覺：我可以在他面前做任何事，可以挖鼻子、
可以脫褲子、可以同時做別的事情。儘管他看著我，但我並沒有
被人打量或監視的感覺，他全神貫注於我所說的話，這些話語對
他意義重大，但這對於伴隨的臉部表情與非語言暗示線索，他渾
然不覺。任何心智活動以及任何他無法直接觀察的東西，對他來
說都是問題。我算是他的治療師嗎？恐怕不算。正規的心理治療
是以人們省察自身行為動機的能力為基礎，但是他的省察能力非
常有限，因此我所做的比較像在幫他解決特定問題。」

　　藉由與彼得對話，柯霖想探討的問題之一是：像彼得這樣的
自閉症患者如何理解這個世界？因此柯霖和同僚設計了一個別出
心裁的實驗，讓彼得看一部電影，並在觀影過程中追蹤他的視線
方向。柯霖選了一部一九六六年的片子《靈欲春宵》（*Who's Afraid
of Virginia Woolf?*），本片根據阿爾比（Edward Albee）的同名戲劇改
編，李察波頓與伊麗莎白泰勒在電影中飾演一對夫妻，邀請另一
對較年輕的夫妻來家中作客，這對年輕夫妻是由喬治席格與仙蒂
丹妮絲擔綱，劇情交織成一個緊張與煎熬的夜晚。柯霖說：「這齣

戲是我的最愛,電影也拍得很好,我非常喜歡李察波頓與伊麗莎白泰勒。」而且就柯霖的研究目的而言,《靈欲春宵》也再適合不過。自閉症患者總是執著於機械化的事物,但是這部電影忠實於原著的舞台設計,空蕩蕩的場景完全由演員主導。柯霖說:「它的風格極為內斂,環繞著四個角色與他們的心靈活動,沒有多少無生命的道具布景會吸引自閉症患者注意。如果我播放的是《魔鬼終結者二》(*Terminator Two*),武器會成為主角,我就無法得出後來的研究結果。《靈欲春宵》藉由多重的意義、情緒與表情層面,呈現緊張繁複、興味盎然的人際互動。我們想探討的是人們搜尋意義的過程,因此才會挑選這部電影。我很想透過一個自閉症患者的眼睛來看這個世界。」

　　柯霖請彼得戴上一頂帽子,這是一部很簡單但相當好用的視線追蹤裝置,上面安裝了兩具小型攝影機,一具記錄彼得視網膜中央窩的運動,另一具則拍下彼得視線所及之處,然後將兩具攝影機的影像重疊。因此當電影的每一個畫面播映出來,柯霖都能鎖定彼得的視線焦點。柯霖先請沒有自閉症的正常人來看這部電影,記錄其眼睛運動,然後與彼得的眼睛運動對照。例如有一幕是劇中人物尼克(喬治席格飾演)禮貌寒暄,並指著主人喬治(李察波頓飾演)書房的牆壁問道:「這幅畫是誰的作品?」我們觀看這一幕的方式再簡單不過:眼睛順著尼克手指的方向停在那幅畫作上,再轉向喬治的眼睛去聽他的回應,然後再折回尼克的臉龐,看他對喬治的回答有何反應。這樣的過程需時不到一秒鐘,

以柯霖的視線追蹤裝置來記錄，正常觀眾的視線會形成一個三角形，從尼克連向畫作、轉接喬治、再回到尼克。然而彼得的視線路徑卻不太一樣，他以尼克的脖子附近為起點，但是並沒有依循尼克手指的方向。因此要解讀一個指向手勢，你必須即時探入指向者的心思進行讀取，這是自閉症患者做不到的。柯霖說：「正常兒童在滿週歲前就能夠回應指向手勢，彼得雖然已經四十二歲，而且相當聰明，但還是沒有辦法回應。對於正常兒童學來不費吹灰之力的暗示與線索，彼得一籌莫展。」

彼得到底是如何看那部電影？他聽到「畫」與「牆」這些字眼，因此他往牆壁上尋找那幅畫，然而牆上有三幅畫，到底是哪一幅？柯霖的視線追蹤裝置顯示，彼得的視線在三幅畫之間穿梭掃瞄，不知如何是好。一定要電影中的尼克把話講得一清二楚，例如「在人和狗那幅畫左邊的畫作，是誰的作品？」彼得才能夠領會這一幕情節。自閉症患者面對環境時，只要指示說明有一絲不夠完整，他們就會四顧茫然。

這一幕電影實驗還有一項重要發現。在喬治與尼克談話時，正常的觀眾會看著他們的眼睛；因為聆聽別人講話時要如此才能獲取對方細微的表情變化，也就是艾克曼列舉的四十三種動作單元。但是彼得看這一幕時，並不會注視任何一名角色的眼睛。在電影中的另一幕關鍵場景，當喬治與瑪莎（伊麗莎白泰勒飾演）熱情擁抱時，彼得跟一般觀眾很不一樣，他看的不是這對擁吻男

女的眼睛，而是他們身後牆上的電燈開關。原因不是彼得討厭這
兩個角色，也不是他受不了男女親暱行為，而是如果一個人無法
解讀他人的心思，無法為他人設身處地，那麼他注視對方的眼睛
與臉孔並沒有任何意義。

　　柯霖在耶魯大學的同事舒茲（Robert T. Schultz）曾經做過一
項實驗，運用「功能性磁振造影」（fMRI）這種可以掃瞄腦部血
液流量變化的先進設備，來顯現腦部運作的狀況。舒茲讓受試者
躺進功能性磁振造影的機器中，請他們做一項簡單的測驗：一次
看兩張臉孔或兩件物品（例如兩張椅子或兩把鎚子），然後按鈕
表示兩者相同或相異。正常人在看他人臉孔時，會用到腦部的梭
狀回，它在大腦中相當於一套極為精密的軟體，讓我們得以分辨
看過的數以千計臉孔（請你在心中想像一下瑪麗蓮夢露的容貌，
好了嗎？你剛剛就動用了梭狀回）。然而當受試者看著一張椅子
時，用到的腦部區域是完全不同且效能較遜的下顳腦回，它通
常專門負責處理臉孔之外的其他事物（這兩個區域在效能上的差
異，可以解釋為何你能認出四十年前的中學同窗，但是在機場行
李旋轉檯上卻找不到自己的行李）。

　　接下來，舒茲對自閉症患者進行同樣的實驗，結果發現他
們對於臉孔和其他事物一視同仁，都是以下顳腦回來處理。換言
之，就最基本的神經學層面而言，在自閉症患者看來，臉孔與其
他事物並沒有本質差異。最早描述自閉症患者的醫學文獻中，有

這樣的一段描寫：「他從來不看別人的臉。在與人互動時，他似乎總是把對方或對方的某些部分當成一般的物體。他把手當成引導工具；他玩耍時會用頭撞母親，就好像在撞枕頭一樣；他會讓褓姆的手幫他穿衣服，但是完全無視於她的存在。」

因此當彼得看著瑪莎與喬治擁吻的畫面，他們的臉孔並不會自然而然地吸引他的注意。彼得眼中看到的是三個物體：男人、女人與電燈開關；而他最感興趣的是什麼？電燈開關。柯霖說：「我知道對他而言，電燈開關在生活中相當重要，因此他一看到就心嚮往之。情形就像假設你是個馬諦斯專家，當你瀏覽眾多畫作時，一眼看到馬諦斯的作品就會立刻鎖定。彼得正是如此，他看到電燈開關，他要尋求意義和組織，他不喜歡混亂渾沌。我們都會專注於對自己別具意義的事物，『人』尤其是我們關注的焦點，然而如果其他人對你了無意義，你自然會尋找其他目標取而代之。」

《靈欲春宵》中最煽情的一幕，可能是當瑪莎坐在尼克身邊大肆挑逗，甚至伸手撫摸尼克的大腿。喬治藏身在場景後方，背部微微朝向那兩人，顯然是妒火中燒。隨著劇情的進展，正常的觀眾的視線會在瑪莎、尼克與喬治三人的眼睛之間形成三角形，從瑪莎到尼克到喬治再回到瑪莎，觀察三名主角逐漸高漲的情緒。彼得呢？他先看尼克的嘴，再往下看尼克手中的酒杯，然後漫遊到瑪莎毛衣上的一只胸針。他對喬治一眼也不看，因此無法體會

這整幕戲的情感意義。

　「有一幕是喬治快要按捺不住怒氣，」柯霖的實驗同仁瓊斯（Warren Jones）說，「他走到衣櫥前面，從架子上拿出一把槍，瞄準瑪莎扣下扳機，這時槍管卻迸出一朵雨傘。但是我們原本並不知道這是他的花招，因此還是會擔心受怕。然而自閉症患者最典型的反應之一，就是在這一刻哄然大笑，完全當成喜劇來看。他們無法理解這一幕的情緒基礎，只看到表面的事件：喬治扣動扳機、一朵雨傘迸出槍管。自閉症患者只覺得劇中人物玩得很開心。」

　　彼得的看電影實驗，淋漓盡致地說明了讀心術失靈時的情況。彼得非常聰明，擁有一流學府的研究所學位，他的智商遠勝於一般人，柯霖談到他時對他相當尊重。但是彼得欠缺一種非常基本的能力：解讀旁人心思的能力。因此他看過《靈欲春宵》之後，會誤解電影中的人際互動過程，而且是大錯特錯。我們可以想像彼得經常會犯這種錯誤，因為他的病症使他永遠無法揣摩別人的心思。但是我不禁要思索：**在某些情況之下，沒有自閉症的人是否也會暫時陷入彼得的困境，出現一種暫時性的自閉症狀，無法解讀別人的心思**？這是否能解釋為什麼有些原本相當正常的人，會在某些時刻做出大錯特錯的判斷？

不如跟狗講道理

電影和電視的警匪片中，演員動不動就開槍駁火，他們拿著槍相互追殺，有時還會幹掉對方後站在屍體旁邊，抽一根菸，然後和夥伴去喝杯啤酒。在好萊塢的世界中，開槍殺人是家常便飯，簡單明瞭。但事實絕非如此，九〇％以上的警察終其一生都不曾對人開槍；有這種經驗的警察多半認為，扣下扳機時的壓力巨大到難以想像。因此我們可以好好探討一番，開槍可能正是一種會導致暫時性自閉症狀的經驗。

密蘇里大學犯學專家克林格（David Klinger）在他的大作《闖進殺戮地帶》（*Into the Kill Zone*）中訪談多位警員，這裡摘錄其中幾段。第一位警員射殺嫌犯，因為對方威脅他搭檔的性命：

> 他抬起頭來看見我，說道：「噢，糟了。」但口氣與其說是害怕，不如說是一副惡狠狠的樣子，準備要大開殺戒，再多幹掉一個人。他的槍不再頂住我的搭檔丹恩的腦袋，反而指向我，說時遲那時快，我也拔出槍，丹恩跟他扭打成一團，我心想：「上帝啊，千萬別讓我誤傷了丹恩。」我開了五槍，槍聲一響，我的視野跟著改變，看到的不再是整個場景，而只剩下嫌犯的頭部，其他事物全都消失，我只看到嫌犯的頭部。

　　我看見五發子彈有四發擊中目標，第一發擊中他的左邊眉毛，炸開一個洞，他的腦袋猛然向後仰，慘叫一聲，好像在說：「噢，你打中我了。」他拿著槍還是想瞄準我，我射出第二發子彈，他的左眼正下方冒出一個紅點，腦袋微微偏向一邊，我繼續開槍，擊中他的左眼外側，他的眼睛爆裂開來。第四槍打中他左耳前方，前一槍讓他的腦袋更偏向我，他中了這一槍之後，一個紅點在他腦袋旁邊泛開又消失。第五發子彈不知道落在哪裡，緊接著我聽到這傢伙向後一倒，墜落地面。

另一段訪談：

　　他衝著我們過來，感覺就像慢動作畫面，周遭一切事物都變得鮮明無比……他開始行動，我整個身體緊繃起來，胸部以下似乎都失去知覺，我全神貫注在眼前目標，隨時要做出反應。這就是腎上腺素激增！情勢一觸即發，我所有的感官都集中在這個拿著槍衝過來的男子。我的視線聚集在他的軀幹與武器，我無法告訴你他的左手在做什麼，一點概念也沒有，我只注意他的槍，由上而下來到他的胸部前方，這時我第一次開槍。

　　我什麼都沒聽見，耳朵一片寂靜。我先連發兩槍，艾倫也開了一槍，但是我沒聽到。我開始第二輪射擊，

艾倫又開了兩槍，然而我還是沒聽見。嫌犯倒在地上，向我滑過來，我們這才停止射擊。我站在這傢伙身旁，我連自己什麼時候站起來都忘了，只記得我站在距離嫌犯約兩呎的地方，看著躺平的他。我不知道自己是怎麼站起來的，是用雙手撐起身體，還是靠膝蓋的力量。但我一站起來聽覺就恢復了，聽到空彈殼掉在磁磚地板上的叮咚聲。我的時間感也恢復正常，不像槍擊過程中那麼漫長。那種漫長的感覺是從他衝向我們開始，儘管我知道他是跑步過來，但是感覺就像慢動作，那是我看過最詭異的景象。

我相信你也認為這些故事相當詭異。在第一個案例中，警員的描述令人難以置信，一個人怎麼可能看到自己的子彈射向目標？第二個案例也難以解釋：當事人說他聽不到夥伴的射擊聲，怎麼可能？然而在克林格對開槍警員所做的訪談中，類似的描述不斷出現：景物清晰無比、視野有如隧道、周遭聲音沉寂、時間放慢腳步。其實這是人類身體因應極度壓力的方式，而且自有一番道理。我們的心靈在面對生死交關的處境時，會大幅縮減外來資訊的範圍與數量，犧牲掉聲音、記憶與較廣泛的情境理解，換取對於眼前威脅的犀利覺察。就這樣的關鍵時刻而言，克林格描述的警員之所以能克敵致勝，就是因為他們限縮了感官經驗的範圍，讓自己得以聚精會神於眼前的致命威脅。

　　然而這種壓力反應發揮到極致時，會出現什麼狀況？《論殺戮》（*On Killing*）一書的作者葛洛斯曼（Dave Grossman）是美國陸軍中校退役，他認為當心跳上升到每分鐘一百一十五下到一百四十五下之間時，人們會達到最佳的「激發狀態」（arousal），也就是表現會隨壓力加重而增進的狀態。葛洛斯曼說他曾經為射擊冠軍艾佛瑞（Ron Avery）做過測量，他在比賽時脈搏會達到這個範圍的最高點。籃球超級明星「大鳥」博德（Larry Bird）經常說，每當比賽來到關鍵時刻，他會覺得球場一片寂靜，球員似乎都以慢動作行進。博德顯然與艾佛瑞一樣，是在最佳的激發狀態中發揮所長。但是很少有籃球員能夠像博德一樣，對球場全盤態勢洞若觀火，那是因為他們很難達到最佳激發狀態。至於我們大部分人面對壓力時，難免會過度激動，逾越某個臨界點，導致身體關閉過多訊息來源，對危機反而束手無策。

　　葛洛斯曼解釋：「脈搏超過一百四十五之後，負面效應一一出現，複雜的運動技能開始失靈，連換一隻手做事情都會異常困難……脈搏一百七十五，認知過程徹底癱瘓……前腦從此關閉，哺乳類動物都有的中腦越俎代庖，挾持了前腦。你有沒有試圖與怒氣沖沖或驚魂未定的人溝通的經驗？你會發現有理講不清……你還不如嘗試跟你養的狗講道理。」

　　視野越來越狹窄，行為越來越乖張。這方面的案例不勝枚舉，許多人遭到槍傷時腸胃會自動清空，因為面對激發脈搏超

過一百七十五的高度威脅時，身體會判定控制排泄的生理活動並不重要。血液從外層肌肉離開，集中到最重要的肌肉部位。就演化觀點來看，這麼做是要讓重要肌肉盡可能硬起來，轉化成一種盔甲，一旦受傷也可以減少失血，代價則是我們也會變得笨手笨腳。葛洛斯曼提醒讀者，正因為如此，我們平常就要練習撥打九一一求救電話；他聽過許多案例，人們在緊急狀況中拿起電話，卻連最基本的撥號都做不到；他們心跳加速，運動協調惡化，有時是撥錯號碼，有時忘了按下手機上的通話鍵，有時根本無法按下正確號碼。葛洛斯曼說：「你要多做練習，到時候才有備無患。」

近年來許多警察單位也因此未雨綢繆，禁止員警高速追逐嫌犯。這麼做一方面是要避免傷及無辜，美國每年約有三百位無辜民眾在警匪追逐戰中遭殃喪命，問題的確值得憂心。另一方面，追逐結束後的緝捕行動也是一大問題，因為高速追逐嫌犯很容易讓員警進入危險的過度激發狀態。紐約市警察局的訓練業務主管費孚（James Fyfe）說：「洛杉磯大暴動的爆發，正是因為警方在高速追逐之後，聯手毆打嫌犯金恩（Rodney King）。」費孚曾為多起警察暴力案件出庭作證，他說：「一九八〇年邁阿密自由城暴動，也是因為警方在高速追逐之後行為過當，活活打死嫌犯。一九八六年，邁阿密再度發生暴動，同樣肇因於警方的高速追逐。過去二十五年以來，美國三場大規模種族暴動的導火線，都是警方在高速追逐嫌犯過後的行為。」

「駕車高速行駛的經驗非同小可，在住宅區尤其可怕，」已
退休的洛杉磯警察局高階警官馬丁（Bob Martin）說，「就算時速
只有五十哩（八十公里），你的腎上腺素和心跳還是會亂成一團，
像賽跑選手一樣高，甚至會引發一種快感。你會失去理智，完全
沉浸在追逐過程中。俗語說得好：『忙著追獵物的狗，不會停下來
抓癢。』如果你聽過警員在追逐過程中的對話，從聲音就可以判
斷會發生什麼狀況。他們幾乎都是用嘶吼的，近乎歇斯底里。我
還記得我第一次高速追逐，那時我才從警校畢業幾個月，案子發
生在一個住宅區，警車有幾回甚至是四輪騰空。逮到嫌犯之後，
我走回警車，想用無線電回報任務已完成，同仁都沒事，結果我
連無線電都拿不起來，整個人不停顫抖。」馬丁並指出，金恩案
的發生其實是意料中事，雙方在追逐過後正面遭遇，都處於心跳
加速、想要置對方於死地的狀況。馬丁特別提到當時在場的高階
警官庫恩（Stacey Koon）：「庫恩要其他警員冷靜下來，但沒有人
理會他，為什麼？因為他們聽不見庫恩說話，他們已經充耳不
聞。」

　　費孚描述他最近在芝加哥出庭作證的一件案子，幾名警員在
追逐過後射殺一名年輕人。然而和金恩案不一樣的是，死者並沒
有拒捕，他只是坐在自己的車子裡面。「他是個美式足球球員，
來自西北部地區，名叫羅斯（Robert Russ）。當天晚上芝加哥警方
禍不單行，在另一場高速追逐後槍殺了一名女孩；名律師柯克蘭
（Johnnie Cochran）接下那件案子，後來以兩千萬美元和解。羅斯

案的警察說他開車橫衝直撞，在警方追逐下逃逸。其實雙方的車速並沒有很快，都未超過每小時七十哩，後來警方把羅斯逼下公路，那地方是在丹萊恩高速公路上。警方對於攔停嫌犯車輛有非常詳細的作業規定，警員不可以走到車子旁邊，而是要命令駕駛下車。但是當天兩名警員跑到車子旁邊，打開乘客座的門，另一個糊塗蛋跑到另一邊的駕駛座，命令羅斯開門，但他坐在位子上不理會。我不知道當時羅斯心裡在想什麼，但他就是沒有反應，因此那個糊塗警員打破後車窗，對羅斯開了一槍，擊中他的手與胸膛。開槍的警員說他曾對羅斯大喊：『手拿出來！手拿出來！』但羅斯企圖搶奪他的槍。我不知道這是不是實情，我還是得採信警員的說法。不過那不是重點，那名警員開槍還是大有問題，他根本不應該靠近那輛車，打破車窗也是錯誤的做法。」

　　射殺羅斯的警員是否曾解讀對方的心思？完全沒有。讀心術讓我們能夠調整、更新我們對他人心思的認知。在《靈欲春宵》那一幕戲中，當瑪莎與尼克調情，妒火中燒的喬治在後方窺伺，我們的視線會在瑪莎、喬治與尼克的眼睛之間來回掃瞄，因為我們不確定喬治下一步要做什麼，我們必須持續蒐集相關訊息。但是柯霖教授的自閉症病人先看尼克的嘴，再看他的酒杯，然後是瑪莎的胸針。病人的心智對人類與其他事物一視同仁，他分辨不出人們在情緒與意念方面的個體性，只看到房間中有一堆無生命的物體，並建構出一個詮釋的系統，這樣的系統背後是一

套僵化、貧乏的原則，因此當喬治對瑪莎開槍、槍管迸出一朵雨
傘時，他會看得捧腹大笑。丹萊恩公路的警員其實也是一樣的心
態：在血脈賁張的高速追逐過後，他不再解讀羅斯的心思，他的
視野與思考成了坐井觀天，他建構出一套僵化的系統，認定一名
駕車逃避警方的年輕黑人一定是個危險的罪犯，至於羅斯坐在車
中沒有反應，車速始終不曾超過每小時七十哩，諸如此類的反
面事證，原本都是那名警員應該顧及的，但他卻完全不予考量。
「激發狀態」會讓我們淪為心智的盲人。

時間在生死交關時的角色

　　你有沒有看過記錄暗殺雷根總統事件的錄影帶？一九八一年
三月三十日那天下午，雷根在華盛頓的希爾頓飯店發表演講後，
從邊門出來，走向他的座車。他向群眾揮手致意，群眾也熱情回
應喊著：「雷根總統！雷根總統！」這時一個名叫辛克萊（John
Hinckley）的年輕人，突然拿著一把點二二口徑手槍衝出來，對著
雷根一行人近距離開了六槍，然後才被制伏在地上。一發子彈擊
中雷根的新聞秘書布萊迪（James Brady）的頭部，第二發子彈擊
中一名警員狄拉漢提（Thomas Delahanty），第三發子彈擊中一名
秘勤局幹員麥卡錫（Timothy McCarthy），第四發子彈先擊中座車
再彈跳射入雷根的肺臟，只差幾吋就會命中他的心臟。辛克萊槍
擊案的謎團之一，當然是他為何如此輕易就能得手？總統身邊總

是圍繞著安全人員，提防辛克萊這種人正是他們的職責所在。許多民眾會在寒冷的春天終日佇立，等候總統露臉並獻上祝福，安全人員必須掃瞄群眾，尋找行跡可疑的人物，這種人想獻上的恐怕不是祝福。安全人員的工作之一是解讀人們的臉孔與心思，那天他們為什麼沒有讀出辛克萊的心思？如果你看過錄影帶，答案顯而易見，這是導致讀心術失靈的第二個關鍵因素：他們沒有時間。

狄貝克（Gavin de Becker）在洛杉磯經營一家保全公司，他也是《恐懼的禮物》（*The Gift of Fear*）一書作者。狄貝克指出，對於保護要人的任務，關鍵因素在於他所謂的「空白空間」的份量，也就是受保護者與任何可能的攻擊者之間的距離，空白空間越寬裕，保鑣的反應時間就越從容，解讀可能攻擊者心思的能力也會越強。但是在辛克萊槍擊案中，空白空間蕩然無存，攻擊者混入一群記者，距離總統只有幾呎之遙，槍聲響起時秘勤局幹員才注意到他。從雷根的安全人員發現有人攻擊的那一刻，也就是保全業所謂的察覺時刻，到攻擊者完全被壓制，前後只有一・八秒。「在雷根總統槍擊事件中，有幾位人士的表現相當英勇，」狄貝克說，「然而辛克萊還是打完一整個彈匣。換句話說，那些人的英勇表現無濟於事，因為辛克萊的距離太近了。從錄影帶中你可以看到，一名安全人員從公事包拿出一把輕機槍，站在那裡，另一名安全人員也掏出槍來；但他們要向誰射擊？事件已經結束了。」**在這短短的一・八秒過程中，所有安全人員都只能仰賴自身最原**

始、最本能的（在這種情況下也是最無用的）反應：掏槍。他們完全沒有機會理解或預測事態的發生，狄貝克說：「當時間無限緊縮，你就只能乞靈於最不可靠的本能反應。」

對於生死交關的情境，我們很少想到時間扮演何種角色，這很可能是因為好萊塢扭曲了我們對激烈事件的理解。電影總是把槍戰過程拍得相當冗長，讓警察有時間和搭檔謅幾句堂而皇之的台詞，讓歹徒有時間大聲叫囂挑釁。劇情逐漸發展，累積張力，最後再來一場爆發性的結局。其實一場槍戰從發生到結束，通常比敘述其過程所需時間還來得短。一九七四年八月十五日，南韓總統朴正熙險遭暗殺，且看狄貝克如何描述：「刺客站起身來，第一槍射中自己的腿，事件就這樣開始。緊接著刺客向總統開火，但是沒有命中，反而擊中總統夫人的頭部，導致她傷重死亡。一名安全人員起身掏槍還擊，但也沒有命中刺客，而是誤殺一名八歲男孩。整起事件是錯上加錯。」你認為整個過程持續多久？十五秒？二十秒？都不對，答案是三・五秒。

我認為人們在時間緊迫的狀況下，也會出現心智盲目的暫時性自閉症狀。心理學者潘恩（Keith Payne）曾經做過本書第二章巴孚教授所設計的實驗，受試者先坐在電腦前接受預先設定，面對螢幕上一張張閃現的黑人或白人臉孔，然後再看一張手槍或扳手的圖片，以〇・二秒一閃而過，受試者得回答他看到什麼。

這項實驗緣起於狄亞洛槍擊案，結果一如眾人所料。如果你先看過一張黑人臉孔，你辨識槍枝圖片的速度，會比先看白人臉孔來得快。後來潘恩調整實驗做法，加快進行速度，不讓受者從容回答，而是要求他們在〇・五秒之內做出判斷，結果錯誤的比率開始上升。先看到黑人臉孔的受試者，不僅辨識槍枝圖片的速度還是比較快，而且也比較容易將扳手誤判為手槍。在時間的壓縮之下，受試者的行為越來越像那些血脈賁張的警員，不再根據知覺所及的確切事證來判斷，反而訴諸一套僵化生硬的體系，那就是刻板印象。

潘恩指出，「當我們做出刻不容緩的決定時，很容易被自身的刻板印象與成見左右，有時甚至渾然不覺自己受到影響。」潘恩嘗試以各種技巧來降低這種偏差：為了讓受試者力求表現，潘恩告訴他們測試結果出來後，會由他們的同學來分析，然而這種做法反而讓偏差更為嚴重；他告訴部分受試者實驗目的何在，要他們避免種族刻板印象，但還是無濟於事。潘恩發現，唯一有點效果的做法是放慢實驗節奏，讓受試者稍做停頓，再說出前一刻螢幕上的物體。我們進行「薄片擷取」與快速判斷的能力雖然非比尋常，但是潛意識中那部超級電腦的運作還是需要一點時間。鑑識蓋提美術館古希臘少年立像的藝術專家，還是得先好好看一眼，才能夠判定雕像是否為贗品；如果這些專家是坐在一部時速六十哩的汽車中，從窗外驚鴻一瞥，他們對這座雕像的真偽恐怕也只能隨意猜測。

　　正因如此，近年來有許多警察局改變政策，規定一輛警車只配置一名警員而不是兩名。這項政策看似不太明智，兩名警員攜手合作應該會勝過一名警員單槍赴會；兩個人才能相互支援，處理特殊狀況更能得心應手，不是嗎？答案是否定的，相互搭檔的警員不會比單獨執勤的警員更有安全保障。同樣重要的是，兩人一組的警員遭民眾申訴的機率也比較高，他們處理特殊狀況時，更容易導致有人被捕、嫌犯受傷或嫌犯被控襲警。為什麼？因為警員在單獨行動時會慢下腳步，兩人出擊時則傾向於速戰速決。狄貝克說：「所有警察都喜歡兩人一部車，這樣才有夥伴，才有人可以說話。但是一人一車可以減少意外糾紛，因為你比較不會逞匹夫之勇。警察一旦全靠自己，辦案方式將截然不同，誤中埋伏的機率會降低。他不敢莽撞蠻幹，他會心想：『我還是等其他同事來了再說。』他的態度會溫和一點，更能從容應付情況。」

　　芝加哥那位待在車中的美式足球員羅斯，如果遇到的警察只有一位，他是否就能逃過死劫？答案應該是肯定的。單獨執勤的警察，就算剛經過緊張萬分的追逐戰，也會按兵不動，等待支援。只可惜當天羅斯遇上的是三名警察，人數上的優勢讓他們大膽妄為，衝向嫌犯的車子。「你必須放慢腳步，」紐約市警察局主管費孚說，「我們訓練警員時會強調，時間對你有利。就羅斯的案例而言，被起訴警員的律師辯稱當時的情形是忙中有錯，然而這種情形也是涉案警員造成的，羅斯的車子已經被攔下來，他哪裡也去不了。」

　　警察教育的宗旨之一，就是要教導警員如何避免闖下這種大禍，不要陷身於暫時性的自閉症狀。舉例而言，在路上攔停違規車輛時，警員應該將車停在對方車後面。如果時間是晚上，警員要以手電筒直接照射對方車內，走向駕駛座的那一側，在駕車人後方停步，以手電筒的光線越過他的肩膀，檢查他的懷中。我自己就被這樣攔過，而我多少有一點不被尊重的感覺，為什麼警察不願像正常情形一樣，和我面對面談話？其實原因在於就算我暗藏殺機，只要警員還站在我後方，我就不太可能拔槍逞凶。首先，警員以手電筒檢查我的懷中時，他看得見我的手放在哪裡；如果我還是準備發飆開槍，我得在椅子上整個轉過身來，從車窗探出頭去，往站在門柱方向的警員射擊（而且別忘了，他的手電筒會讓我睜不開眼睛），這一舉一動都逃不過他的法眼。從另一個觀點來看，警方這套程序也是在為我著想：除非我做出一連串非常明顯的危險動作，否則那名警員絕不會對我拔槍相向。

　　費孚曾經在佛羅里達州戴德郡推行一項計畫，當地警民之間的暴力衝突事件特別猖獗，你不難想像因此而導致的緊繃氣氛。民間團體指控警方做法粗糙、懷有種族偏見，警方則憤怒駁斥，指稱暴力衝突固然令人遺憾，但警察工作原本就無法避免暴力。這樣的對立其實屢見不鮮。費孚的對策則是暫時擱置爭議，先進行一項研究，他在每一輛警車中派駐一名觀察員，詳細記錄警員的言行是否符合專業訓練。費孚說：「例如，警員有沒有確實尋找

掩護？警員所受的訓練會要求他盡量縮小自身的目標，讓對方不知如何下手。因此我們會注意警員在走進一幢房門的前門時，有沒有好好利用可用的掩蔽物？有沒有時時刻刻保護自己的槍不被奪走？有沒有以比較笨拙的那隻手拿手電筒？接到竊盜案的通報之後，有沒有聯絡本單位進一步查詢，還是根本問都不問？有沒有要求支援？有沒有相互協調，例如誰負責開槍、誰負責掩護？有沒有查看案發現場周遭環境？有沒有把另一部車停在房子後面？進屋之前有沒有把手電筒移到身體的旁邊，以免嫌犯對著手電筒開槍而造成嚴重傷害？攔停違規車輛時有沒有先查看對方車子後座，再走向那名駕車人？諸如此類的紀錄。」

費孚檢視紀錄時發現，當警員與嫌犯正面遭遇以及順利將嫌犯拘捕時，他們的表現都中規中矩，行為正確率達到九二％。但是一遇到他們覺得非常凶險棘手的處境，正確率陡然下降到只有一五％。這就是問題所在：警員沒有採取適當的步驟，以避免發生暫時性的自閉症狀。後來戴德郡針對警員在遭遇嫌犯之前的行為規範加強訓練，從此民眾申訴警方行為不當以及警民衝突受傷的案例都大幅減少。「你絕不會希望自身騎虎難下，非得開槍才能脫困，」費孚說，「如果你只依賴本能反應，難免有人會受傷，而且這種情況並非無可避免。如果你能善用計謀與掩護，你幾乎就不會陷入這種本能抉擇的困境。」

「我心中有個聲音說：我還不必開槍」

費孚的研究價值在於，他逆轉了一般人對警察開槍的思考。批判警方行為的人總是千篇一律，將焦點放在個別警員的意圖上，大談種族歧視與個人偏見。另一方面，為警方辯護的人則幾無例外地訴諸費孚所謂的瞬間症候群（split-second syndrome）：警員火速趕到案發現場，一眼看到嫌犯，他沒有時間思索，直接採取行動，發生錯誤在所難免。歸根究柢，這兩種觀點都是失敗主義心態作祟，認定任何一樁危急存亡的事件一旦啟動，就不可能停下腳步或者受到控制。尤其是在涉及我們的本能反應時，這種想法更是司空見慣。然而它是錯誤的，在一個非常關鍵的層面上，我們的潛意識思考與有意識思考其實並無差別：**我們都能夠藉由接受訓練與累積經驗，培養發展出當機立斷的能力。**

處於壓力緊繃的情境之中，是否必然會導致一個人過度激發，無法讀取他人心思？當然未必。狄貝克的公司為公眾人物提供安全服務，旗下的保鑣都要接受一項名為「壓力預防接種」的訓練。「在我們的演練過程中，主角（保鑣要保護的人）會說：『你過來一下，我聽到怪聲。』結果你一轉過牆角──砰！──立刻中彈，當然不是真槍實彈，子彈是塑膠製的顏料膠囊，不過你還是會對槍擊感同身受，並繼續執行任務。然後我們會說：『你要再來一次。』這一回是讓你在進門時挨槍中彈。模擬中彈四、五次之後，你就不會大驚小怪了。」

狄貝克還設計了另一項類似的訓練，學員面對的是一頭惡犬，「剛開始的時候，他們的心跳達到每分鐘一百七十五下，驚慌失措；到了第二次或第三次，心跳降到一百二十下；繼續降到一百一十下之後，他們的行動就不受影響了。」這種訓練反覆進行，並與實際經驗結合，能夠徹底改變一名警員面對激烈衝突時的反應方式。

讀心術一樣可以做到熟能生巧。湯金斯可能是歷來最偉大的讀心術專家，他對練習樂此不疲。湯金斯的兒子馬克出生時，他正好從普林斯頓大學休一年長假，待在澤西海岸市的家中，每天都長時間專注凝視著兒子的臉龐，搜尋各種情緒的表徵，好奇、高興、傷心、生氣，從才幾個月大的馬克臉上掠過。他蒐集了數千張各種表情的人臉，研究溝痕、皺紋與皺摺的運作模式，以及臉部在欲笑與欲哭之間的微妙差異。

艾克曼曾設計幾個簡單的測驗，來評估人們的讀心術。其中一項測驗是放映一部短片，片中有十來個人物，他們宣稱自己做了某件事，受試者要分辨出誰確實做過、誰在說謊。這項測驗非常困難，大部分受試者的成績都與全憑猜測差不多，但是有誰表現比較好？做過練習的人。其中包括中風後喪失語言能力的病患，他們成績斐然，因為語言障礙迫使他們對旁人表情分外敏銳。童年嚴重受虐的人表現也不錯，因為他們長期面對酗酒或暴力的雙親，早已練就了察言觀色的本事。艾克曼還為執法單位舉

行研習會，教導學員如何增進自己的讀心術，他表示只需大約半小時的練習，人們就可以運用自如地擷取微觀表情。艾克曼說：「我拍了一捲訓練錄影帶，很受觀迎。影片一開始就是各式各樣的表情。三十五分鐘之後，觀看者自己也能夠看出端倪；可見讀心術的確是一種可以經由學習而獲致的技巧。」

犯罪學家克林格做過一段訪談，對方是一位資深警官，曾經多次出生入死，必須在緊張萬分的情境中解讀他人心思。這位警官的描述也是一段精湛的範例，顯示高度壓力的時刻如果應對得宜，也可以化險為夷：有一天傍晚，他正在駕車追捕三名青少年幫派份子，一人跳過籬笆，第二人從警車前面跑過，第三人站在他前方約十呎處，呆若木雞，彷彿被燈光凍結。「我從乘客座下車，」這名警官回憶當時情景，而那名少年：

> 先是用右手伸入腰間，接著摸索他的胯部，然後是左邊大腿，似乎試圖抓住某件滑下褲管的東西。

> 他一面轉身朝向我，一面繼續在褲管中摸索。他瞪著我看，我叫他不要動：「停！不要動！不要動！不要動！」我的夥伴也對他大吼：「不要動！」我在命令他的同時，已經掏出手槍，逼近到離他約五呎的地方，他也拿出一把點二五口徑的鍍鉻自動手槍，就在他的右手移到腹部中心位置時，他把槍丟在人行道上，我們上前

逮捕他，結束對峙。

　　我想我之所以沒有對他開槍，唯一的原因是他的年紀。他才十四歲，看起來只有九歲。如果他是一名成年人，我大概就會開火。我當然看到他那把槍，看得一清二楚，槍身鍍鉻，槍柄上還有珍珠裝飾；但是我也知道此刻我佔上風，願意再給他一點機會，因為他還那麼年輕。

　　會做出這個決定，與我的豐富經驗很有關係。我看到他臉上充滿恐懼，和我先前在辦別的案子時看到的一樣，因此我相信如果再給他一點時間，他或許不會逼得我非開槍不可。但底線是我必須緊盯著他，看清楚他從褲管拿出來的東西是什麼，確認那是不是一把槍，密切注意槍口對準的方向。如果他的手從腰間出來後再舉高一點，如果那把槍越過他的腹部，讓我斷定槍口是衝著我而來，那麼一切都完了。然而那把槍的槍管始終沒有朝上，我心中有個聲音説：我還不必開槍。

整個事件經過多久？兩秒鐘？一秒半？請注意這位警員的經驗與技巧，如何讓他得以延展那極其短促的片刻，放慢當時情境的節奏，不斷蒐集資訊直到最後關頭。他緊盯著槍枝現身，他注意到珠飾槍柄，他追蹤槍口方向；他讓那名少年決定要以槍口

對人還是棄槍投降。過程中他除了注意槍枝的動向，同時也注意少年的臉龐，判斷他是危險份子還是驚弓之鳥。對於瞬間判斷而言，還有比這更經典的範例嗎？這位警官的表現是訓練與經驗的成果，他能夠從最微薄的經驗切片中，擷取無比豐富的有意義資訊。對一個新手而言，這樁事件可能是說時遲那時快，其實不是。每一片刻，每一瞬間都可以再分割為一系列的活動元件，每一個元件都蘊含一個機會，讓當事人掌握機會、改變做法、修正錯誤。

惠勒街的悲劇

回來看那四位警員：卡羅、麥美隆、莫菲與包斯。從深夜到凌晨，他們在南布朗克斯巡邏，看到一名年輕黑人，行跡可疑。他們開車經過，雖然沒法仔細端詳，但是仍然立刻建構出一套系統來解釋這名黑人的行為，他的塊頭並不大，其實該說相當矮小。「矮小意謂著什麼？意謂他會帶槍壯膽防身，」狄貝克揣摩四名警員當時的意念，「他一個人站在屋外，凌晨零時三十分，這一帶治安欠佳，他一個人，又是黑皮膚，他身上一定有槍，否則不敢這麼招搖。而且他又很矮小，哪來那麼大的膽大凌晨一個人在外晃蕩？他百分之百帶著槍。這些推論都看似言之成理。」四名警員倒車回去，卡羅後來說自己相當「驚訝」，狄亞洛居然還站在那裡。壞蛋看到一車子警察，不是應該溜之大吉嗎？卡羅

與麥美隆下車，麥美隆高喊著：「我們是警察，可不可以跟你談一談？」狄亞洛遲疑不決，他當然是嚇壞了，臉上寫滿了恐懼。兩名顯然不是當地人的白人大漢，在那麼晚的時間出現，步步向他進逼。然而解讀狄亞洛心思的時機之所以一去不返，關鍵在於他轉身想跑回房子，引發一場追逐戰。卡羅和麥美隆不像那位看著珠飾手槍朝著自身而來的警官，他們的辦案經驗不夠老練，還算是生手，對布朗克斯區並不熟悉，進入街頭犯罪打擊小組也沒有多久；在黑暗的門廊中追逐一名疑似帶槍的男子，這種難以想像的壓力，對他們而言也是頭一遭。他們心跳過速，注意力窄化。惠勒街在布朗克斯區算是老社區，人行道緊接著馬路邊欄，狄亞洛的公寓緊接著人行道，中間只相隔一道四級階梯，這裡並不存在「空白空間」。當麥美隆與卡羅步出警車，站在街道上，這時他們與狄亞洛的距離只有十到十五呎。狄亞洛跑了，趕快追人！卡羅與麥美隆原本就有點激動，現在他們心跳速率多少？一百七十五？兩百？狄亞洛躲進門廊，緊靠著通往屋內的門，身體轉向走道，伸手摸索褲袋裡的某樣東西。卡羅與麥美隆既沒有掩護，也沒有隱蔽：沒有車門可以保護他們，讓他們放慢腳步。兩名警員身處火線，卡羅看到狄亞洛的手，以及某樣東西的黑色尖端。其實那是一只皮夾，但狄亞洛是黑人，天色已晚，這地方是南布朗克斯區，而且反應時間只能以毫秒來計算；在這種種條件之下，皮夾被看成手槍也是順理成章。狄亞洛的臉部表情或許透露出不一樣的訊息，但卡羅並沒有看他的臉，就算看了，也未必能理解自己看到了什麼。卡羅並沒有讀取對方的心思，他實際

上陷入心智盲目的自閉症狀，他全神貫注於狄亞洛的口袋到底會出現什東西；就像那位自閉症患者彼得觀看喬治與瑪莎親吻的場景時，視線卻集中在牆上的電燈開關。卡羅大喊「他有槍！」並且開火。麥美隆往後跌倒，也跟著開槍。有人往後倒下，有人高喊有槍，這樣的場景似乎只有一種解釋：麥美隆中彈了。因此卡羅繼續射擊，麥美隆看了跟著照辦；包斯與莫菲看到卡羅與麥美隆開槍，於是也跳下車跟著開槍。第二天的報紙特別渲染四名警員開了四十一槍，但是報紙沒有提到的是，四把半自動手槍擊發四十一顆子彈只需二·五秒。

　　整個事件從開始到結束，大概比你讀這段文章的時間還短。然而在這短短幾秒鐘內採取的決策與行動，足以讓當事人終身耿耿於懷。卡羅與麥隆對狄亞洛喊話，第一秒；他轉身退回屋子，第二秒；他們追逐他，跑過街道，跑上階梯，第三秒；狄亞洛躲進門廊，摸索褲袋，第四秒；卡羅大喊「他有槍！」槍擊開始，第五秒、第六秒；砰！砰！砰！第七秒。一片寂靜。包斯跑向狄亞洛，看著地板大吼：「那把該死的槍在哪裡？」他往西契斯街跑過去，咆哮與槍戰使他方寸大亂。卡羅坐在台階上狄亞洛滿布彈孔的屍體旁邊，開始哭泣。

本章參考資訊

＊讀心術與艾克曼的臉部表情研究：www.paulekman.com

＊種族偏見與警察舉止研究：psych.colorado.edu/%7ejcorrell/tpod.html

＊柯霖與自閉症研究：yalemds.org/Profile.asp?dept=Child+Study+Cener
　&peds=pict_id=2300050

conclusion

結論

請把屏風準備好

決斷兩秒間的啟發

沒有那道屏風的幫助，

康南蒂可能一個音都還沒吹，就被打發回去。

有了那道屏風相隔，慕尼黑愛樂突然發現她就是不二人選。

康南蒂（Abbie Copnant）的音樂家職業生涯剛起步時，在義大利的杜林皇家歌劇院（Royal Opera of Turin）吹奏長號，當時是一九八〇年。那年夏天，她向歐洲各地的樂團應徵了十一個樂師職位，結果只有一個樂團給回音：慕尼黑愛樂。他們的回信一開頭寫道：「親愛的康南蒂先生」，康南蒂事後回想，她當初應該警覺到這個錯誤會後患無窮。

因為樂團的文化中心尚未完工，因此試奏會在慕尼黑的德意志博物館舉行。總共有三十三位演奏者角逐，他們逐一上台，在一面屏風後方吹奏，甄選委員只聞其聲、不見其人。屏風試奏會在當時的歐洲並不普遍，然而這次因為有一位應徵者是慕尼黑愛樂成員的兒子，為了公平起見，樂團決定第一回合試奏會要以這種方式舉行。康南蒂是第十六位上台，她吹奏費迪南‧大衛的《長號小協奏曲》，也是德國長號音樂界的必備曲目。康南蒂吹壞了一個G音，心想「沒指望了」，回到後台，開始打包，準備回家。但是甄選委員會不作此想，他們對康南蒂的演奏大為傾倒。試奏會是典型的薄片擷取過程，訓練有素的古典音樂家常說，他們乍聽之下就能夠判斷一位演奏者是否夠格，有時候只聽幾個小節，有時候甚至只聽第一個音；康南蒂就是這樣雀屏中選。她離開試奏間之後，慕尼黑愛樂音樂總監傑利畢達克（Sergiu Celibidache）大聲宣布道：「這就是我們要的人！」還沒上場的十七位長號演奏者全都被打發回去。工作人員到後台找康南蒂，請她回試奏間，當她從屏風後方現身後，只聽到一堆巴伐利亞佬

大呼小叫喊著：「這是怎麼回事？我的上帝！天哪！」他們期待的是「康南蒂先生」，沒想到來的卻是「康南蒂小姐」。

　　場面尷尬極了，傑利畢達克是老一派的指揮家，自視甚高，獨斷獨行，對於音樂該如何演奏自有定見，對於該由誰演奏也是如此。更何況，這裡是德國，是西方古典音樂的搖籃。第二次世界大戰剛結束時，維也納愛樂曾經實驗進行一場屏風試奏會，結果卻出現樂團前任首席史特拉瑟（Otto Strasser）在回憶錄中描述的「怪異情況」：「一位角逐者脫穎而出，可是當屏風升起時，評審們個個呆若木雞，因為眼前站著一個日本人。」對史特拉瑟而言，一個日本人不可能忠實傳達歐洲作曲家作品的神韻。同樣地，對傑利畢達克而言，一個女人不可能演奏好長號。慕尼黑愛樂有一兩位女性的小提琴與雙簧管演奏家，但小提琴與雙簧管都是「女性化」的樂器，長號則雄糾糾氣昂昂，是男人在軍樂隊中大吹大擂的樂器。歌劇作曲家經常用長號代表冥界陰間；貝多芬在第五號與第九號交響曲中，以長號來製造強烈音效，「直到現在，當你和其他長號吹奏家談話時，」康南蒂說，「他們還是習慣相互問道：『你用的是哪一種「器材」？』你能想像一位小提琴家說：『我用的是百工牌小提琴。』嗎？」

　　接下來還有兩輪試奏會，康南蒂都輕騎過關。可是傑利畢達克與甄選委員會其他成員知道她是女性之後，根深柢固的偏見傾巢而出，腐蝕了他們對於康南蒂吹奏表現的良好印象。後來康南

蒂雖然如願進入慕尼黑愛樂，但傑利畢達克一直對這件事耿耿於懷。一年過去了，一九八一年五月，康南蒂接到通知參加一場會議，樂團要將她降級為第二長號，而且不說明任何理由。康南蒂經過一年的試用，充分證明了自己的能力，然而卻於事無補，傑利畢達克告訴她：「你自己知道問題所在，我們要的首席長號是男性。」

康南蒂別無選擇，只能訴諸法律途徑。樂團在辯護狀中聲稱：「原告並不具備充分的體力，足以領導樂團的長號部。」於是康南蒂前往高廷格肺部醫療中心（Gautinger Lung Clinic），進行各種測試。她對著特製儀器吹氣，抽血檢驗含氧量，並接受胸部檢查。康南蒂的各項表現都遠高於正常值，護士甚至問她是不是運動員。這場官司曠日廢時，樂團說康南蒂吹奏莫札特《安魂曲》中著名的長號獨奏樂段時，她的「喘氣聲大到讓人聽得見」，可是那幾場音樂會的客座指揮卻對她讚譽有加。法庭特地找來一群長號專家聆聽康南蒂的吹奏，她選了長號曲目中最困難的七段樂曲，專家們也一致肯定她的造詣。樂團繼續指謫康南蒂表現不穩定，也不夠專業，這根本是謊話連篇。經過八年奮戰，康南蒂終於重登首席長號的寶座。

但是另一場法庭戰役緊接著開打，又耗去五年時光，因為樂團給她的待遇低於男性同仁，結果康南蒂再度勝訴。康南蒂在法庭上接連告捷，因為她的表現讓慕尼黑愛樂啞口無言。傑利畢達

克雖然後來質疑康南蒂的能力，但是當初在全然客觀、不帶偏見的情境下聽她吹奏費迪南‧大衛的《長號小協奏曲》時，他也說：「這就是我們要的人！」而且將其他未演奏的應徵者打發回去。那一道屏風救了康南蒂。

古典音樂界的革命

　　一直到最近，古典音樂的世界──尤其是歐洲的古典樂壇，仍然是白種男性的天下，女性被認定為不可能與男性並駕齊驅，在演奏某些作品時，她們缺乏適當的體力、心態與詮釋彈性；她們的嘴唇構造不一樣，她們的肺活量略遜一籌。這些說法似乎並非偏見，而是有事實根據，因為每當指揮家、樂團總監或其他大師級音樂家主持試奏會時，男性的表現總是勝過女性。沒有人會特別注意一場試奏會是如何舉行，因為大家都對音樂者的一項特質深信不疑：音樂家無論是在任何情境之中聆聽音樂，當下就能夠客觀衡量對方的表現水準。大型樂團甄選成員的試奏會，有時候是在指揮家的後台休息室舉行；如果是巡迴表演，也有可能選在指揮家的旅館房間，讓應徵者進行幾分鐘的演練。音樂就是音樂，場地有什麼要緊呢？維也納愛樂的樂團首席庫歇爾（Rainer Kuchl）曾說，他閉著眼睛也可以當場判定一位小提琴家是男性還是女性；他相信訓練有素的耳朵，能夠察覺女性那種特別柔軟、彈性的風格。

　　然而過去幾十年來，古典音樂界經歷了一場革命。美國的樂團演奏者已經組織起來，成立工會，爭取合理的合約、醫療保險、工作權保障，以及公平的聘僱機會。許多音樂家認為樂團指揮經常濫權徇私，要求將試奏會的辦理程序標準化，成立正式的甄選委員會，不再讓指揮家獨掌生殺大權。後來某些樂團甚至規定，評審在應徵者試奏過程中不得交談，以免雙方觀點相互影響。應徵的演奏者以序號取代姓名，與評審隔著一道屏風。應徵者如果發出任何足以透露身分的聲音，例如清喉嚨、在沒有鋪地毯的地板上製造出腳步聲，他們就得先回到後台，再以新的序號出場。隨著這類新規則逐漸推行到全美各地，一個奇特的現象發生了：樂團開始僱用女性音樂家。

　　過去三十年來，屏風試奏會成為慣例之後，美國頂尖樂團的女性演奏者人數成長了五倍。紐約大都會歌劇院的低音號演奏家威克斯勒布拉特（Herb Weksleblatt），於一九六〇年代中期大力倡導屏風試奏，他回憶當年的創舉說：「新試奏規則第一次運用時，我們要甄選四位小提琴手，結果上榜的清一色是女性。這在以前根本不可能發生，採行新規則之前，樂團中大概只有三名女性成員。我還記得宣布四名女性小提琴家獲選之後，有個傢伙對我大發雷霆：『後人會記得，就是你這個混帳東西讓女性入侵我們的樂團。』」

　　古典音樂世界從此恍然大悟，他們原本以為聆聽他人演奏所

獲致的第一印象，是如此純粹且強而有力；然而真相卻是，這種第一印象深受音樂之外的其他因素影響。「有些人自信滿滿、架勢十足，因此演奏效果增色不少。」一位參與過許多試奏會的音樂家說，「有些人雖然並不上相，但是表現精湛。有些人演奏時呲牙咧嘴，但是你不會從音樂中聽出異狀。看與聽永遠不可能完全諧調一致。如果試奏會從一開始就讓應徵者現身，你一看到他帶著樂器出場的樣子，可能就會心想：這個呆子是哪裡來的？或者：這傢伙以為他是誰啊？」

紐約大都會歌劇院的法國號首席蘭茲嫚（Julie Landsman）說，她會特別在意試奏者嘴巴的位置，「如果他們將吹口放在很不尋常的位置，你當下就會心想：噢，天哪，這麼做是行不通的。此外還有許多因素會讓評審分心，有些演奏家用的是黃銅製的法國號，有的人用鎳銀合金，這些資訊讓你可以推斷對方來自哪個城市、受教於哪一派的老師、哪一所學校，這種脈絡關係會影響你對他演奏的評價。我參與過不設屏風的試奏會，坦白說，我會懷有偏見，變成用眼睛來聽音樂，干擾是無可避免的。真正的音樂聆賞應該是用耳朵與心靈。」

艾莉美娜（Sylvia Alimena）是位於華盛頓的國家交響樂團法國號演奏家，如果試奏會不使用屏風，她有沒有機會進樂團一展長才？恐怕完全沒有。法國號就像長號一樣，是「男人的」樂器，再說，艾莉美娜個頭嬌小，只有五呎高。其實身高對吹奏法國號

並沒有什麼影響，一位法國號名家說：「艾莉美娜可以吹垮一幢房子。」但是如果你在聽她吹奏之前就看過她的模樣，你會聽不出她的實力，因為你的所見與所聞相牴觸。如果你想對艾莉美娜做正確的瞬間判斷，請把屏風準備好。

小小的奇蹟

古典音樂家的革命意味深長。為什麼這麼多年以來，指揮家渾然不覺自身的瞬間判斷能力可能遭到腐蝕？因為我們經常對自己的快速認知力量掉以輕心，率爾操觚。我們不知道自己的第一印象來自何方，以及這種印象的確切意涵，因此我們很容易忽略它們的脆弱性。認真看待我們的快速認知能力，意謂著我們必須體認那些會改變、損害或偏移我們潛意識運作結果的影響因素。鑑賞音樂演奏看似不費吹灰之力，其實不然，它和啜飲可樂、評價椅子或品嚐果醬一樣，都涉及複雜的過程，沒有那道屏風的幫助，康南蒂可能一個音都還沒吹，就被打發回去。有了那道屏風相隔，慕尼黑愛樂突然發現她就是不二人選。

古典樂團發現這種偏見無所不在之後，有何反應？他們著手解決問題，這也是關於瞬間判斷的另一項重要心得。對於心靈感官剎那片刻的運作，我們太容易安之若素；對於從潛意識湧現的思維印象，我們似乎不太能夠掌控。**其實只要我們能夠控制快速**

認知的運作環境，我們就能夠掌握這種心智活動；無論是戰場上的官兵、急診室中的醫護人員、街上巡邏的警察，都可以協助他們盡量避免犯錯。

「如果有交易商請我鑑賞一件藝術品，我會請他們先在藝術品上蒙上一塊黑布，等我走進房間時再倏然掀開，這樣我才能夠全神貫注於這件藝術品，」紐約大都會博物館前任館長霍溫說，「在大都會的時候，每當我們考慮是否要購置一件新收藏品時，我會請秘書或一位主任幫忙，將它放在我意想不到的地方，例如衣櫃裡面，讓我與它不期而遇。我可能會覺得它的確不錯，也可能突然發現先前沒有注意到的問題。」霍溫非常珍視自發性思維的成果，因此他採取一些特別的做法，盡可能提升自己初步印象的品質。霍溫並不認為潛意識的力量高深莫測，而是視為一種他可以維護、操控與訓練的能力。當他第一眼看到那座古希臘少年立像時，霍溫早已準備就緒。

女性音樂家今日能在交響樂團穩佔一席之地，並非微不足觀的改變。這種改變之所以關係重大，在於它為一個曾經長期遭到排斥的群體打開了一扇機會的大門。同時，由於試奏過程發生根本的變革，讓評審不再受到偏差第一印象的誤導，完全根據能力來選拔人才，現在樂團便能夠聘用更優秀的音樂家，奏出更美麗的音樂。這是怎麼辦到的？不需要全面檢討整個古典樂壇，也不必建造新音樂廳或籌募大筆資金；我們只需關注最微小的細節：

每一段試奏過程的前兩秒。

蘭茲嫚應徵紐約大都會歌劇院法國號首席的時候，試奏會才剛開始採用屏風。當時樂團的銅管部完全沒有女性，因為大家都「知道」，女性吹銅管永遠比不上男性。「比試過最後一回合，結果還沒宣布，我就知道自己篤定上榜，」蘭茲嫚說，「因為我在最後一首曲子使出渾身解數，將曲末的高音C吹得沒完沒了，要讓評審對我的能力毫無疑慮。結果評審都忍俊不住，因為這完全超出了試奏的要求。」但是當評審宣布蘭茲嫚雀屏中選，她從屏風後方款款步出時，只聽到一陣陣驚駭之聲。原因不僅是她身為女性，而女性法國號演奏者少之又少；也不僅是那個藝高人膽大的高音C，評審原以為只有男性才能如此大氣磅礴。這些評審大感訝異的最重要的原因是：他們認識蘭茲嫚，她先前就曾以代打上陣的方式，在大都會歌劇院吹過法國號。然而這些評審在真正以耳朵聆聽她的演奏之前，根本有耳不識泰山。

當舞台上的屏風創造出純淨的瞬間思維，一樁小小的奇蹟在兩秒鐘內於焉誕生：眾家評審體認到蘭茲嫚的真實本領。我們如果好好經營那電光石火的兩秒鐘，一定也能夠創造同樣的奇蹟。

本章參考資訊

＊康南蒂與慕尼黑愛樂的性別歧視爭議：www.osborne-conant.org/
ladies.html

致謝

　　在動手寫這本書的幾年之前，我開始把頭髮留長。原本我的頭髮總是剪得很短，髮型也相當保守，但是那一陣子我突發奇想，決定讓頭髮任意留長，就像青少年時期那樣。這項改變立刻影響了我的生活，層面雖小卻意義深遠。我接到有生以來第一張超速罰單；在機場排隊時，我會被安全人員挑出來特別關照。有一天，我走在曼哈頓第十四街，一部警車靠著人行道停下來，三名警員跳下來，他們說他們正在追捕一名強暴犯，覺得我越看越像。三名警員拿出嫌犯素描與特徵描述，我仔細端詳一番，好聲好氣地告訴他們：我和那位仁兄一點都不像，他比我高大魁梧，年紀也比我小大概十五歲（我還故作幽默，說他沒我英俊瀟灑，然而反應欠佳），我們兩人唯一的共同點就只有那一頭蓬鬆鬈髮。約莫二十分鐘之後，三名警員終於同意我所說的，放了我一馬。

　　從大處來看，我知道這件事不過是小小的誤會，非洲裔美國人歷來遭受的屈辱遠甚於此。然而我想到的是，我的遭遇突顯出一種更微妙、荒謬的刻板印象：它牽涉的並不是顯而易見的表徵如膚色、年齡、身高或體重，而只是因為頭髮。我的頭髮引發的第一印象，攪亂了三名警員在追捕強暴犯過程中的其他考量。第十四街上那段插曲，觸發我開始探索第一印象的奇特力量，《決斷2秒間》便是始於這個想法。因此我想，在我感謝其他人之前，應該先謝謝那三位警員。

　　現在是真的要致謝了。《紐約客》雜誌總編輯雷姆尼克（David Remnick）恩准我消失一年，全力寫作本書，這麼寬容大度的老闆真是每個人所夢寐以求的。「Little, Brown」出版公司上回幫我出《引爆趨勢》一書時，待我如皇親國戚，這回也是同等待遇。謝謝彼耶許（Michael Pietsch）、山德勒（Geoff Shandler）、費恩（Heather Fain），以及幫助我最多的比爾・菲利浦斯（Bill Phillips），他們循循善誘，將雜亂無章的手稿爬梳得條理分明，我現在正考慮要將我第一個孩子命名為比爾。此外在本書蓽路藍縷的過程中，還有許多朋友提供珍貴的意見：萊爾（Sarah Lyall）、麥克拉姆（Robert McCrum）、海德蘭（Bruce Headlam）、尼德曼（Deborah Needleman）、衛斯伯格（Jacob Weisberg）、羅森費爾德（Zoe Rosenfeld）、藍道夫（Charles Randolph）、沃切爾（Jennifer Wachtell）、里伯森（Josh Liberson）、布萊爾（Elaine

Blair）、賽門（Tanya Simon）。柯若兒（Emily Kroll）幫我做了第三章的全美大企業執行長身高調查。艾隆森與修勒兩位教授惠允我引用他們的研究成果。感謝薩佛依餐廳的工作人員，讓我在許多個午後盤踞窗邊的座位。萊恩（Kathleen Lyon）讓我常保快樂與健康。我最欣賞的攝影師威廉斯（Brooke Williams）為我拍攝作者照。還有幾位人士要特別提出來致謝。馬丁（Terry Martin）與范德（Henry Finder）和上次我寫作《引爆趨勢》一書時一樣，也為本書初稿寫了詳盡精湛的評論，有兩位傑出的益友，實為人生一大幸事。韓珊（Suzy Hansen）和無與倫比的瑪修兒（Pamela Marshall）讓我的文字變得清通精確，改掉許多錯誤與敗筆。我很想建議班妮特（Tina Bennett）出任微軟的執行長，或者競選美國總統，或者以其他方式來發揮她的聰明才智與優雅風範，為世人解決難題；只不過這樣一來，我就沒有經紀人了。

　　最後要感謝我的母親喬依絲（Joyce）與父親葛蘭姆（Graham）秉持為人父母的本色，以奉獻、誠懇與摯愛的心境來讀這本書，謝謝你們。

葛拉威爾作品集 8
決斷 2 秒間：擷取關鍵資訊，發揮不假思索的力量（暢銷慶功版）

作　　　者——麥爾坎・葛拉威爾（Malcolm Gladwell）
譯　　　者——閻紀宇
主　　　編——陳家仁
編　　　輯——黃凱怡
企劃編輯——藍秋惠
封面設計——陳恩安

總 編 輯——胡金倫
董 事 長——趙政岷
出 版 者——時報文化出版企業股份有限公司
　　　　　　108019 台北市和平西路三段 240 號 4 樓
　　　　　　發行專線—（02）2306-6842
　　　　　　讀者服務專線— 0800-231-705、（02）2304-7103
　　　　　　讀者服務傳真—（02）2302-7844
　　　　　　郵撥— 19344724 時報文化出版公司
　　　　　　信箱— 10899 臺北華江橋郵政第 99 信箱
時報悅讀網— http://www.readingtimes.com.tw
法律顧問—理律法律事務所 陳長文律師、李念祖律師
印　　　刷—勁達印刷有限公司
三版一刷— 2020 年 8 月 7 日
三版三刷— 2024 年 7 月 1 日
定　　　價—新台幣 350 元
（缺頁或破損的書，請寄回更換）

時報文化出版公司成立於一九七五年，
並於一九九九年股票上櫃公開發行，於二〇〇八年脫離中時集團非屬旺中，
以「尊重智慧與創意的文化事業」為信念。

ISBN 978-957-13-8288-3
Printed in Taiwan

決斷2秒間：擷取關鍵資訊,發揮不假思索的力量 / 麥爾
坎.葛拉威爾(Malcolm Gladwell)著；閻紀宇譯. -- 三版. -- 臺
北市：時報文化, 2020.08
272面；14.8x21公分. -- (葛拉威爾作品集；8)
譯自：Blink : the power of thinking without thinking
ISBN 978-957-13-8288-3(平裝)

1.決策管理 2.直覺

176.4　　　　　　　　　　　　　　　　　109009701